W0185597

L'appel de la vigne

Patricia Ortelli

L'appel de la vigne

RÉCIT

Albin Michel

© Éditions Albin Michel, 2022

À mon ancêtre François Gillet, viticulteur à Bully.
À mes enfants et petits-enfants pour leur donner
le goût du savoir secret.

Préface

Au fil de ce livre, je veux vous emmener dans le monde qui est le mien depuis trente ans, le monde de la vigne et du vin. Je veux vous entraîner à ma suite pour partager les émotions que j'ai ressenties.

La vigne est une plante qui vit, il faut beaucoup de travail et d'écoute attentive pour l'aider à se dépasser et les recettes surnaturelles ne sont pas d'un grand secours. Le vin n'est pas un produit simple, des années sont nécessaires pour connaître un terroir, pour s'y former, et l'apprivoiser.

Le marketing effréné qui envahit les réseaux sociaux m'inquiète. Il y a ceux qui prétendent détenir des pouvoirs paranormaux qui les autorisent à s'exonérer des pratiques traditionnelles et loyales. En découle une multitude de théories nouvelles qui s'opposent, et personne n'y comprend plus rien. De nouvelles pratiques peu scientifiques ternissent l'image de nos vins dans le monde. Cela m'a décidée à réexaminer pour vous, lecteurs, les principes gardés un peu secrets de ce beau métier.

C'est toute l'image de nos vins que nous avons mis tant d'années à construire qui est en voie de disparition si nous ne réagissons pas.

L'appel de la vigne

La statue de Dionysos ne sera pas mise à bas, aidez-moi ! Oui, le vin naît de notre histoire, des traditions, de notre culture, d'échanges multiples, de notre force de vivre, et surgit du plus profond de nos âmes. Un amour fou de la nature est à la base du métier de vigneron ; je vais essayer de vous le faire partager au long de ces pages. Chaque chapitre est une promenade très personnelle à la découverte de ma passion, vous y comprendrez les joies et les peines qu'elle procure en suivant mes pas.

Bonne lecture.

1.

Adjugé ! Vendu !

Je suis née à la ville, on pourrait croire que mon aventure dans la vigne est fortuite. En tout cas elle a commencé par le plus grand des hasards et la combinaison d'événements improbables.

Ces mots me transpercent et me bouleversent encore aujourd'hui. Je revis presque chaque jour cet instant. Mes jambes se mettent à trembler et semblent se dérober.

Ce jour de juin 1990, le 21, je surenchéris une dernière fois, je suis au milieu de la foule dans la salle des ventes du palais de justice de Draguignan. Je n'ai pas très bien vu la troisième bougie qui s'est éteinte plus vite que les autres. Je viens d'acquérir un vignoble à l'abandon en Provence, éloigné vers le nord, isolé dans les collines. Ma vie bascule.

Ai-je perdu la tête ? Il fait très chaud. Je l'ai visité seulement ce matin. Je suis encore essoufflée, je me suis égarée, ma voiture est tombée en panne, un inconnu m'a aidée à changer une roue en un temps record, je suis arrivée juste à temps… pour les dernières enchères. Le spectacle d'une nature paradisiaque, comme un tableau de Van Gogh, m'a entraînée ici.

Je pense à mon père lorsqu'il m'a confié le service des vins à l'âge de neuf ans. Il m'a transmis l'amour du vin, depuis ce jour une connivence s'est établie entre nous.

Serai-je à la hauteur ?

Des regards surpris se dirigent vers moi. Ceux qui ont surenchéri ne m'ont pas vue, je suis au fond de la salle. Ils se sentent trahis, vaincus, ils me dévisagent en sortant. Je tiens à la main la petite annonce de la vente aux enchères découpée quelques jours plus tôt dans un journal… Je viens de remporter une victoire.

Chaque pas que je fais en découvrant plus en détail le domaine me fait prendre conscience de la quantité de travail qui m'attend.

J'entends aussi le refrain qui reviendra souvent à mon esprit :

– Va-t-elle réussir à faire de grands vins dans ce terroir ?

Ou l'éternel discours prononcé par certains propriétaires de châteaux renommés d'autres régions réputées qui veulent conserver l'exclusivité de la tradition viticole qu'ils se sont appropriée :

– En Provence, on ne peut pas faire de grands vins et le rosé en est l'illustration.

Je me sens seule. Ai-je eu raison d'acheter ces terres à l'abandon ?

Mais je découvre un paradis caché.

Les vieux oliviers centenaires se découpent sur le ciel avec leur bois gris, ridé par le temps, et leurs feuilles vert amande. J'aperçois les champs de blé en terrasses parsemés de coquelicots qui de loin sont comme des perles rouges. Je parcours les parcelles de vignes abandonnées où poussent quelques pruniers et des amandiers sauvages. La vieille bastide toute en longueur surplombe le domaine, elle est entourée d'une forêt de pins dont les aiguilles vert foncé contrastent avec les nuances plus claires des chênes. Tout s'illumine sous ce ciel de Provence, tout est magnifié, embelli, transformé, tout est vivant !

Je me mets à étudier les différents terroirs, avec l'aide de mon professeur d'œnologie : les cépages, les climats, les vents, les terres situées sur une « bande éocène ». Toutes les parcelles seront drainées, nivelées, labourées, replantées, et j'opte dès cette époque pour l'agriculture biologique qui me semble une évidence.

On me regarde de loin comme « Jean de Florette », et j'entends encore en moi-même :

– Elle ne fera pas de bons vins dans ce terroir perdu des collines.

Je garde le cap et reste concentrée.

Chaque pied est consciencieusement choisi, planté, arrosé, choyé.

Depuis ce jour, je vis avec ma vigne, je vis pour elle, sa sève coule dans mes veines, rien ne pourra nous séparer. Il y a comme un pacte entre nous, car, au-delà, c'est la nature tout entière avec laquelle je me suis engagée. Elle m'autorise à la suivre, je la comprends. Dans ce terroir, la beauté des bleus du ciel, la palette des couleurs et des parfums me rapprochent un peu plus d'elle.

Les grappes sont sélectionnées, récoltées la nuit à la main, rangée après rangée, pied de vigne par pied de vigne, en fonction de la maturité. Dans ma cave, je surveille et contrôle mes quarante cuves dont chacune correspond à un de mes « microterroirs ». Je les élève comme mes enfants.

Lors des dégustations d'assemblages, en découvrant les arômes de mes vins, je pense à leur élaboration :

– Fleur blanche, fraise des bois, groseille, pêche blanche, mangue, citron…

En fermant les yeux, je revois un à un chacun des grains que j'ai sélectionnés et qui reproduisent dans mes vins l'expression de ce terroir magique.

Depuis ce jour de juin 1990, la nature ne m'a plus quittée, elle accomplit sa tâche au rythme des saisons, lentement, consciencieusement, sagement, humblement. Je ne suis rien, c'est elle qui règne, je ne fais que l'accompagner.

Parfois, je reçois des importateurs qui viennent du monde entier et qui me glissent à l'oreille :

– Vos vins sont magnifiques, quelle fraîcheur, et vos rosés, quelle finesse aromatique !

Je sais, au fond de moi, que c'est à elle que je le dois. J'entends encore :

– Adjugé ! Vendu !

Ainsi a commencé mon histoire d'amour avec ce vignoble « perdu dans les collines de Provence ».

On m'a dit plus tard que le jour de la vente aux enchères, la troisième bougie s'était éteinte subitement, plus vite que d'habitude. Un léger souffle aurait, paraît-il, traversé la pièce…

2.

Mon histoire

Peu après, je découvre cette campagne mystérieuse.
Sera-ce un piège ou une réussite ?
Tout me revient car rien ne sera comme prévu.
Voilà pourquoi j'ai écrit ce livre.

Voilà, c'est arrivé comme ça. Une bougie s'est éteinte et je me trouve engagée en une seconde dans une aventure que j'ignore encore, mais qui dure depuis vingt-huit ans.

Quelques jours après la vente aux enchères, à « la remise des clés », qui n'existent pas, car les portes et les volets sont ouverts à tout vent, ils grincent et claquent, l'ancien propriétaire vient à ma rencontre, dépité, il se justifie :

– C'est la faute des banquiers, ils ne m'ont pas aidé.

Il a la soixantaine avancée, une allure décadente, il est affublé d'une superposition de vêtements en peau, comme pour masquer la sienne. Il essaie une dernière fois de jouer le grand seigneur, et j'en éprouve encore plus de peine pour son malheur :

– Nous avons beaucoup reçu ici, des personnalités, des présidents et bien d'autres…

Il part enfin, je le guette et, à l'arrière de la maison, je le vois soudain grimper dans le figuier après avoir bien vérifié que je ne l'espionnais pas. Dans une de ses vestes en peau, il enfourne les figues qu'il cueille une à une jusque vers le sommet de l'arbre. Il redescend ensuite en se balançant d'une branche à l'autre, emportant le dernier trésor des lieux : quelques fruits dérobés.

Puis il disparaît dans une vieille Renault qui n'a plus de pot d'échappement.

Je m'assieds sur la marche de la porte principale et je me sens bien vide tout à coup en découvrant cette étendue en friche.

Suis-je raisonnable ?

Mais il n'est plus possible de reculer. Quelques larmes glissent sur mes joues.

Puis un rayon de lumière me caresse et mon regard se met à serpenter, à observer, et je ressens une impression d'équilibre, de douceur, qui émane de ce paysage sauvage. Les odeurs poivrées de thym et de romarin se mêlent à celles des cyprès et des platanes. J'aperçois les collines au loin où se dressent les ruines du vieux château de Pontevès. Plus à droite, je distingue la montagne Sainte-Victoire comme une masse immobile sombre et ridée qui semble jaillir d'un autre siècle.

Puis mon imagination fait naître les vignes, les oliviers que je projette de planter. La maison revit avec de nouveaux volets peints en vert gris pâle, les graviers sont étalés, les allées ratissées et la forêt débroussaillée.

Je programme mon diplôme d'œnologie.

Vite, je dois me mettre au travail, je vais préparer une liste…

Vais-je arriver à tout faire ? Et à le faire bien ?

Une liste qui ne finira jamais, que je cale dans les livres que je ne termine pas, parce que je m'endors toujours avant en notant des choses à ne pas oublier…

Depuis cet instant, la Calisse ne m'a plus quittée, le jour, la nuit, quand je grimpe en pyjama arroser les cuves avec de l'eau froide pour que les levures ne s'emballent pas, ou lorsqu'il faut suivre une équipe d'une vingtaine de vendangeurs à 4 heures du matin pour qu'ils cueillent soigneusement des raisins frais.

– Avez-vous vos gants ?

Des gants de chirurgien pour ramasser les grappes qui vont défiler une à une devant mes yeux dans le pressoir, sous le regard complice des étoiles.

Les années passent, et se suivent, je vis en pleine harmonie avec la nature.

Puis un jour, tout s'arrête, vingt-huit ans plus tard, la maudite année 2018, une année désastreuse, une très faible récolte, le mildiou, la catastrophe…

Tout ce que j'avais mis des années à construire semble s'effondrer, les importateurs, vexés, furieux, nous agressent et nous annoncent que, puisque nous ne pouvons pas les fournir, ils s'approvisionneront ailleurs. Les sommeliers nous fuient comme si nous étions fautifs. Comment leur faire comprendre ?

Je me retrouve assise sur la marche en pierre en cet automne 2018. Les larmes reviennent ; les mêmes que vingt-huit ans plus tôt. Pourquoi cette punition de la nature à laquelle je m'étais livrée corps et âme ?

Puis un rayon de lumière traverse les branches du grand pin du côté des collines et m'éblouit ; je retourne vingt-huit ans en arrière.

Je me lève. C'est à cet instant que je décide de prendre

la plume, il est temps que je raconte mes souvenirs, que je partage ma passion avec d'autres…

Je me laisse diriger par les mots qui m'amènent sans le vouloir vers le jardin de mon enfance, mon père, mes frères, qui ont été associés à ma jeunesse. Je retrouve mon arrière-arrière-grand-père que nous ne pouvions pas approcher dans nos pensées ; il était un héros, un demi-dieu qui, fils de paysan, était parti à pied de Bully et avait construit un groupe industriel mondial. J'échange en pensées quelques mots avec lui sur mon métier de viticulteur.

Je le sens qui me guide lorsque je me dirige vers la vente aux enchères, il est ma force secrète…

L'année 2019 me permet de croiser Saint Louis ; un de mes frères m'a confié la construction de la cave viticole des Salins-du-Midi.

En organisant cette cave qui est face aux remparts, je programme des travaux qui vont m'aider à moderniser aussi celle de la Calisse.

Je parcours des kilomètres pour choisir les entreprises et engager le meilleur chaudronnier français pour les cuves.

Un jour, en juin 2019, mon frère aîné à son tour m'appelle :

– Pourrais-tu venir t'occuper des vignes, à Bully, au pied du vieux donjon ? Elles n'ont jamais été replantées depuis notre arrière-arrière-grand-père.

Je repense à la cave voûtée sous le bâtiment, au fond de la grande cour, dans laquelle nous nous cachions enfants.

Remplie de toiles d'araignées, c'était un lieu interdit, sombre, silencieux. Un mystère y régnait, un petit rai de lumière ricochait le long des murs en pierre.

C'est comme si elle m'avait attendue, je l'imagine avec de belles barriques de chêne dans lesquelles seront élaborées les cuvées de blanc.

Je prends alors conscience que le souffle de la vente aux enchères n'était peut-être pas un hasard. Il m'a portée vers ce terroir magique que j'ai façonné, il m'a construite en retour et m'a appris à guetter chaque mouvement de la respiration du monde qui m'entoure. Il a fait de moi ce que je suis et il est devenu une partie de moi-même.

Un exercice de littérature ?

Sûrement pas, je suis dans un univers plus proche de celui de la chimie ou de celui d'un artiste, mais les mots me permettent de penser avec plus de clarté.

Et si cette mauvaise récolte de l'année 2018 n'était pas non plus un hasard ?

3.

Le vin : l'initiation

Mes premiers pas dans l'univers du vin
à neuf ans seulement.
Les rituels de la cérémonie du service du vin.

J'avais neuf ans lorsque je suis entrée en religion, la religion du vin.

Ce jour de fin d'automne, mon père me convoque dans son bureau et me confie la responsabilité de la cave à vin ; il me tend la grande clé de la cave voûtée de la maison de famille.

– C'est toi qui seras chargée du choix des vins et de leur service, me dit-il avec un sourire complice comme s'il m'invitait à me glisser dans un univers secret qu'il m'avait réservé : son univers.

À ce moment, je sens l'immense tâche qui me revient et sera déterminante pour ma vie.

Maintes fois, il m'a confié combien la sélection d'une bonne cuvée peut modifier l'humeur des convives et, dans certains cas, a eu une influence très utile dans l'exercice de son mandat de sénateur. Mais, ce jour-là, je comprends que dorénavant je vais avoir un rôle important à jouer dans la vie de la famille.

Je suis une petite fille un peu agitée et rêveuse, arrivée derrière trois grands frères assez dominateurs. J'ai enfin une responsabilité propre en dehors de mes aînés, qui ne manifestent d'ailleurs aucune jalousie et consentent à me laisser ce rôle qui leur paraît peu en rapport avec leurs ambitions déjà bien affirmées. Et cette tâche me permet d'obtenir l'autorisation exceptionnelle de me lever de table et d'échapper à des conversations interminables, souvent politiques…

Tout au fond de la pièce voûtée, mal éclairée, que je traverse à tâtons, je reconnais la porte du saint des saints : la cave de papa. Je l'ouvre en tenant la très lourde clé qui, depuis ce jour d'automne, dépasse de la poche de mon pantalon en velours côtelé usé, déjà porté successivement par mes trois frères. Cette clé est comme le symbole de ma fonction. Je ne la quitte jamais et, en me couchant tous les soirs, je la dissimule soigneusement sous mon oreiller en plume.

Je suis émerveillée chaque fois que je passe en revue toutes ces bouteilles disposées les unes à côté des autres sur des étagères en tiges de fer. On y trouve des cuvées de champagne Dom Pérignon, dont celle de l'année de ma naissance que mon père a commandée en vue de mon mariage : je les compte, il y en a cinq cents !

Devrai-je épouser un prince ?

Il y a des rangées de châteauneuf-du-pape, de bourgogne, des plus grands millésimes de vosne-romanée, des bordeaux prestigieux, château-margaux, haut-brion, que je découvre comme des trésors cachés, que je suis la seule à connaître.

C'est moi maintenant qui surveille cette équipe comme si je me retrouvais la maîtresse d'une classe dont tous les élèves bien alignés attendent sagement la maturité qui les amènera au jour « J ».

Je dois mémoriser tous les invités sur un petit carnet à spirales et ne jamais offrir deux fois le même vin aux mêmes personnes.

« Le préfet a déjà eu un châteauneuf-du-pape… faisons-lui découvrir avec le cerf rôti aux pruneaux un nuits-saint-georges d'une année exceptionnelle. »

Il faut servir les vins à bonne température ; j'ai la chance de disposer, à l'office, d'un espace qui m'est attribué spécialement, avec un buffet dédié ; pour mes neuf ans, c'est un grand honneur, mais toute l'équipe de la cuisine m'a acceptée comme une des leurs à part entière. J'y prépare les paniers en osier dans lesquels je vais placer les bouteilles sélectionnées quelques jours avant la réception afin de bien contrôler les dépôts de tannin. Puis, le matin du repas, je les ouvre avec le tire-bouchon en bois et je présente les bouchons imprégnés par le vin et marqués de leur sceau le long de la bouteille pour que les convives puissent les admirer.

Je me sens comme une reine lorsque j'apparais dans la salle à manger. Les couverts en argent ont été placés autour des assiettes dont le décor reproduit les animaux de la chasse, sur la grande table en marbre scellée sur un pied en fer forgé. Les serviettes blanches en lin, brodées aux initiales de mes grands-parents, ont été soigneusement pliées et posées en forme de triangle sur les assiettes. J'ai bien contrôlé les verres en cristal, alignés dans l'attente de leurs précieux nectars, dont les différentes tailles correspondent aux vins que je vais servir.

J'arrive à petits pas afin de ne pas secouer la bouteille. Je perçois les regards qui se tournent vers moi et je verse lentement à chaque convive la cuvée amoureusement sélectionnée, en détaillant son nom et son millésime. Leur attention se concentre alors sur les verres qui se remplissent l'un après l'autre. Mon père prend la suite et explique l'histoire de la propriété, du terroir, et mon rôle majeur dans la sélection qui a été faite.

En servant les vins, je les invite à découvrir leurs qualités, ils se sentent valorisés, car ils ont été choisis en leur honneur.

Je regarde mijoter dans la cuisine les faisans et les chevreuils dans d'imposantes casseroles en cuivre patiné, et parfois j'ajoute une dose du vin choisi dans le plat qu'il accompagnera. En fonction des arômes que je perçois dans l'office, je réfléchis à ma sélection du jour, mais je m'inspire aussi de la saison, de l'ambiance, et de ce qui a été servi à l'apéritif.

Désormais, lorsqu'ils me voient arriver lentement en portant ces nectars, mes frères restent muets, se demandant s'ils ont été écartés de quelque chose… mais ils sont plus préoccupés par leurs réussites aux concours des grandes écoles. Ils ne connaissent pas l'importance et la valeur du travail des hommes qui ont appris à comprendre patiemment leurs terroirs et ont permis de révéler toutes les qualités de ces vins.

C'est ma religion, la religion du vin, dans laquelle je suis entrée quand j'avais neuf ans, sans savoir que ce serait pour la vie…

4.

La mer

La magie de la Provence.
La beauté des lavandes.
La Provence permet de réaliser tous les rêves.

C'est un jour d'hiver froid et gris, inhabituel pour la Provence où des nuages aux formes incertaines s'étirent dans le ciel en laissant deviner, çà et là, des coins bleus plus lumineux.

Je me remets à peine des angoisses de la vente aux enchères où le sort m'a permis d'acheter ce vignoble à l'abandon. J'imagine tout le travail qui m'attend : était-ce vraiment une bonne idée que d'avoir levé le doigt à la dernière enchère ?

Ma mère vient d'arriver ce matin pour visiter mon acquisition. Je la vois faire le tour de la grande bastide à l'abandon. Elle avance en tenant sa canne en bois, en butant parfois sur un obstacle. Il fait froid, quelques volets ont été arrachés par le vent.

Elle a manifesté son inquiétude :

– Un domaine viticole en Provence, aux vignes abandonnées ?

Et elle a ajouté, avec un air faussement interrogateur :

– Est-il possible de faire des vins ici ?

Elle avait en tête la liste des grandes bouteilles de bordeaux de la cave de papa, mais elle a enfoncé un peu plus fort le poignard :

– Ce ne sera pas du Léopold Poyferré.

J'ai rectifié en lui faisant remarquer que le nom juste est « Léoville Poyferré », en pensant à papa qui aurait bien ri.

Nous descendons le chemin de cailloux blancs qui traverse les vignes à l'abandon. Elle se repose sur sa canne qui s'ouvre dans la partie supérieure comme un siège de chasseur et me fait remarquer :

– C'est très bien, mais c'est dommage, on ne voit pas la mer…

Elle se retourne et me demande de rentrer, en ajoutant :

– Il fait froid ici, est-on réellement encore en Provence ?

Il est vrai que nous sommes à cinq cents mètres d'altitude, dans la partie la plus au nord de la Provence. Je me sens moi aussi glacée et remonte le chemin derrière elle avec le sentiment qu'un immense vide se fait au fond de mon être.

Nous visitons une à une toutes les pièces de la maison à l'abandon, mal éclairées, et mal décorées. Il y a même des moquettes qui remontent sur les murs, posées par les anciens propriétaires qui ont témoigné ainsi de leur absence totale de goût. En regardant par la fenêtre de la chambre du haut, je vois les quatre grands platanes de la terrasse étouffés par des buissons et des ronces et le paysage en restanques de pierres sèches qui descendent jusqu'au ruisseau. Mes yeux suivent ensuite les collines de chênes de l'autre côté de la route et j'entends en moi-même :

« C'est dommage, on ne voit pas la mer. »

C'est comme un refrain qui se répète sans cesse et tambourine dans ma tête.

Elle regarde quand même la vue, elle a fait de la peinture à l'aquarelle, peignant et repeignant sans cesse des paysages de ciels, de nuages, de mer ou de lacs. J'aurais dû y penser…

Plus tard, en juillet, je me rends à Valensole où on cultive la lavande, à quelques kilomètres au nord de la Calisse. Le ciel est clair, le mistral va se lever.

Après avoir suivi la route sinueuse qui traverse la forêt de grands pins maritimes, j'aperçois enfin les premiers champs de lavandes : l'alignement des rangs est parfait et il se prolonge à l'infini au fur et à mesure que s'ouvre devant moi cet immense plateau. Les tiges vert pâle contrastent avec le mauve des fleurs qui forment des dentelles dans ce paysage lumineux. Le paysage se métamorphose sous mes yeux en une grande mer bleue où virevoltent des milliers de papillons blancs. Le vent entraîne les bouquets dans une danse orchestrée reproduisant de grandes vagues qui filent vers l'horizon. Quelques arbres dispersés se dressent et dominent cette mer.

L'idée me vient immédiatement.

Quelques jours plus tard, les tracteurs labourent le grand champ du bas, à l'entrée du domaine. Ils font ressortir les lignes des terres profondes et leurs couleurs qui vont du rouge au brun ou au beige très clair sur certaines veines calcaires. Les brins de lavande sont plantés soigneusement un à un à l'aide d'une petite machine qui enfouit les plants.

Deux ans plus tard, maman m'annonce qu'elle va venir voir où en sont les plantations et les travaux.

C'est un 14 juillet, le train a eu du retard, il est déjà

trois heures de l'après-midi lorsque nous quittons la gare d'Aix-en-Provence.

« Pourvu qu'on arrive à temps. »

Dans la voiture, elle se plaint de sa jambe qui lui fait de plus en plus mal, elle a retardé l'opération de la hanche, mais va devoir maintenant se décider.

Je pense en roulant :

« C'est le plus beau moment, la fleur est au paroxysme de sa beauté, bleu indigo, pas encore mauve, pourvu qu'il n'y ait pas de nuages. »

Le vent en général se lève le soir.

« Pourvu qu'il soit suffisant. »

Les petits papillons blancs se posent parfois sur moi.

« Pourvu qu'ils soient là pour elle. »

Le ciel est limpide et le soleil descend lentement vers la colline de pins et de chênes.

« Pourvu qu'il n'ait pas disparu derrière la colline. »

Tout a été rangé, préparé, les platanes ont été taillés, les lavandes ont été griffées et leurs rangs rejoignent plus haut les feuilles des vignes qui ont été replantées et présentent fièrement leur palette de verts correspondant aux différents cépages. Les lignes sont droites comme les colonnes d'un temple grec.

« Pourvu qu'aucune mauvaise herbe ne dépasse. Pourvu qu'il ne fasse pas nuit trop vite. »

Je la dépose en bas du chemin à l'entrée du domaine.

Elle avance lentement en remontant la grande allée centrale. Je me place derrière elle et j'entends sa respiration qui s'accorde à ses pas.

Je regarde autour de moi, la lumière est parfaite. Le soleil est rasant. Les papillons sont bien là.

Et le vent tout à coup se lève, créant les grandes vagues bleues.

Les bouquets de fleurs accomplissent leurs pas de danse. Le bleu dans les zones à l'ombre s'assombrit simulant différents fonds marins. Les murs en pierre sèche font comme des rivages.

Elle continue à avancer et les platanes de chaque côté du chemin semblent s'incliner sur son passage. Tout le paysage et les vagues de la mer s'offrent à elle.

Je reste sagement en retrait, elle s'assied sur sa canne qu'elle a ouverte et murmure :

– Je vois les vagues dans le vent.

« Ai-je bien entendu ? »

– Remontons vers la maison, dit-elle soudain en se contrôlant, car un compliment ou un geste d'admiration excessif pourrait laisser transparaître une certaine faiblesse.

Du haut de la bastide, le champ de lavandes apparaît avec des bleus plus atténués comme une mer plus calme, les terrasses multicolores, de blés dorés, de vignes bien alignées, d'amandiers, dirigent le regard vers lui. Du lit de sa chambre à la salle à manger, ou au banc en bois sous les platanes, partout elle peut voir la mer !

Assise sur le banc, face à ce paysage, je vois qu'elle observe en silence. Elle se fige un instant, un papillon blanc s'est posé sur elle.

Je me dis alors :

« Ai-je réussi à la convaincre ? Ressent-elle enfin comme moi la beauté du monde ? »

5.

Le jardin extraordinaire

La communion avec la nature
nous ouvre les sens et le goût.
« Intus et in cute »
(Perse, Satires, *III, v. 30).*

Chaque matin, quelque temps après le petit-déjeuner, quand nous sommes habillés, mon père nous demande d'aller jouer dans le jardin.

– Les enfants dehors ! dit-il d'une voix autoritaire.

Je passe au vestiaire enfiler mes bottes, le loden gris qui a été porté par mes trois frères et qui est tout rapiécé, une écharpe en laine tricotée par ma mère et je sors, souvent dans un froid glacial.

Il y a des brumes sur l'étang, l'eau coule sous le moulin, elle est marron foncé, elle entraîne des morceaux de bois qui parfois se bloquent et s'entassent en travers du flot. La maison est ceinturée de canaux et de déversoirs.

C'est un vieux moulin à la campagne en Seine-et-Marne, la rivière traverse sous la maison. Nous avons l'interdiction absolue de soulever la trappe qui permet d'y accéder dans le couloir. Lorsqu'elle est ouverte, le bruit de l'eau qui se déverse comme un torrent résonne avec force dans toutes les pièces. C'est l'action du courant qui le faisait tourner lorsqu'il était en activité.

Une fois dehors, il faut organiser la journée, il y a plusieurs espaces à explorer : il y a les étangs, les allées de graviers qui les entourent, particulièrement bien soignées par Marcel le vieux jardinier.

Il y a aussi la ruine ancienne dont les pierres se détachent une à une, et au fronton duquel il est écrit :

« Toute joie et tout honnour
viennent d'armes et d'amour. »

Ces mots me reviennent souvent en mémoire, ma grand-mère en avait reproduit le texte en bleu sur un plat en faïence qui est accroché dans la cuisine.

Il est interdit de monter trop haut, car nous risquerions de glisser. J'ai trouvé la parade : juste à côté, il y a l'immense chêne, le roi du jardin ; ses branches retombent vers la ruine, ce qui me permet de passer de l'une à l'autre si je suis démasquée.

Le chêne est le plus vieil arbre et le plus proche de la maison, je connais toutes ses branches jusqu'à celles du sommet et parfois quand le vent souffle je m'arrête un peu plus bas, en dessous, car la peur me retient. De ce perchoir, je peux tout observer : mon père, sur son fauteuil en bois, en train de déguster son verre de vin près du puits, un bordeaux que j'ai ouvert pour le déjeuner, ou Marcel qui tond la pelouse, ou ma mère qui nettoie avec minutie ses géraniums en enlevant les fleurs mortes ; personne ne remarque que je suis là-haut. Assise contre le tronc dont je sens l'écorce dans mon dos, je contemple le ciel et les branches se dessinent en suivant des lignes qui font des zigzags. Parfois, une bergeronnette me rejoint, je m'arrête de respirer pour ne pas l'effrayer.

J'observe tout cela en pensant :

« Pourquoi sommes-nous ici ? »

Je reste perchée souvent jusqu'à la nuit, d'autres animaux me rejoignent, les oiseaux, les papillons, les insectes volent autour de moi. La lune apparaît à travers les feuilles, une boule gris argent dont les rayons se reflètent sur la rivière dans l'obscurité. Il y a aussi des êtres étranges dissimulés dans les ombres.

Qu'ont-ils à me dire ?

Je me demande si tous les habitants de ce jardin extraordinaire ont été créés pour moi. Ils me transmettent le mystère du monde.

Les arbres sont des êtres à part entière avec lesquels j'échange en permanence.

Le vieux marronnier, malgré ses bois malades, a produit de nombreux fruits qu'il me faut ramasser et ranger dans une cachette spéciale : le cyprès au fond à droite de l'étang – au milieu, j'ai créé une ouverture vers un espace vide où je conserve les marrons tout au long de l'hiver.

Il y a le sorbier et son écorce lisse gris argent, ses feuilles sont de couleur vert plus clair, ses branches basses m'aident à atteindre très vite son sommet d'où l'on a une vision plongeante sur les étangs. De cet observatoire, je distingue les couvées de canards et les brochets qui filent dans la rivière. Mais je n'y reste pas trop longtemps, car l'écureuil y a fait sa demeure.

Le grand sapin est plus difficile à escalader, car il est couvert d'aiguilles, mais sous celles du bas j'ai confectionné un abri qui me permet de me réfugier quand il pleut.

Et puis il y a la barque en bois, ma plus fidèle amie. Elle est retenue par une longue chaîne au saule pleureur dont les rameaux retombent tout autour d'elle. Les saules ne peuvent pas être escaladés, mais ils sont bien utiles pour s'accrocher si la barque tangue, ou lorsque je plonge dans l'étang et que je m'élance en partant de la berge.

La barque me donne un sentiment de liberté indescriptible. Une fois sa chaîne déposée sur le bord avec un grand bruit, je quitte la rive et m'avance fièrement vers le milieu de l'étang au rythme de mes rames. Là, mes frères ne peuvent plus m'atteindre.

Je passe des heures allongée dans une profonde rêverie, j'imagine un beau chevalier qui viendrait m'y rejoindre et la barque se transformerait en un majestueux voilier voguant sur les mers.

Les crapauds coassent autour de moi et m'effraient. De loin, je peux suivre les allées et venues de Marcel, ce qui me rassure un peu.

Chaque section de la rive a son style, il y a le coin des roseaux, celui de l'arrivée du ruisseau, où je guette les gardons, le passage en dalles qui permet de traverser d'un étang à l'autre et contre lequel je gare la barque avant d'explorer l'autre partie. Au bout de l'étang, la statue en pierre, une tête romaine sur un socle en forme de colonne, me regarde et me juge : une personne de plus dont on doit peut-être se méfier, lorsqu'elle se reflète dans l'eau ; les algues lui font comme de longues mèches de cheveux, elle semble vivre et me parler au rythme des vagues.

Je pense à l'organisation du jardin.

Il faut aussi s'occuper du potager que je surveille du haut du chêne.

Il est divisé en plusieurs zones, traversées par une allée centrale, à gauche les légumes, à droite les fruits rouges, et au fond les arbres fruitiers. Plusieurs fois dans la journée je descends de mon poste et je retrouve les fruits et les légumes de saison.

Le long de l'allée, il y a les buissons d'oseille, leur parfum et leurs notes acides sont plus subtils que ceux des salades, j'en prends quelques feuilles pour le lapin qui vit dans sa petite maison en pierre, fermée par une porte en grillage de poulailler ; je lui tends des carottes, il me regarde avec tendresse, et je ne lui dis pas que je sais déjà qu'il finira en délicieuse terrine.

Dans le rayon des fruits, je me régale des juteuses groseilles à maquereau que j'assemble avec des framboises bien mûres, je goûte aussi les groseilles rouges, les cassis. Il faut avancer en se cachant, car le vieux Marcel n'aime pas me voir dévorer ses récoltes futures.

Sa femme Léone, cuisinière hors pair, nous gâte avec les plats qu'elle prend grand soin de nous confectionner : la soupe à l'oseille et à la crème, la terrine de lapin, le gratin dauphinois, les carottes râpées à la ciboulette, la compote de rhubarbe, la tarte aux fraises et toutes les confitures de fruits possibles et imaginables. Léone dirige la cuisine, elle m'autorise à piocher parfois dans les casseroles au cours de la cuisson, à préparer les vins avec son aide. Elle était déjà là à l'époque de mes grands-parents, nous sommes donc, avec mes frères, un peu comme ses enfants.

Du haut du chêne, je vois aussi les grands champs de blé où j'aime me promener en picorant les grains naissants des épis. Au moment des récoltes, je plonge dans les remorques et je m'y enfouis en humant leurs arômes végétaux, je compare les maturités de l'une à l'autre, en goûtant les grains qui forment une pâte onctueuse dans ma bouche.

Quarante ans plus tard, à la mort de mon père, en me promenant dans le jardin de mon enfance, je ne reconnais plus rien.

Les branches du grand chêne ont été coupées, le sorbier a disparu.

Le vieux sapin n'est plus.

Le marronnier est très malade, je ramasse quelques marrons que je mets dans ma poche.

Les allées sont envahies par les mauvaises herbes.

Le potager est à l'abandon, pas de légumes, pas de fruits, mais des buissons sauvages qui ont occupé l'espace.

La barque n'est plus là. Il reste le saule pleureur : je l'associe à ma tristesse en mélangeant mes larmes aux siennes.

La statue me regarde, son reflet n'apparaît plus, des mousses vertes recouvrent l'étang.

Léone et Marcel sont partis. Il reste le banc en bois de mon père sur lequel il était assis il y a quelques jours encore avec son verre de vin.

Cette fois, c'était du château la Calisse !

Le rideau est tombé, mais j'ai emporté avec moi le jardin de mon enfance…

6.

Le boudoir rose

Revivre après une maladie grâce à la magie d'un grand vin de Champagne. La découverte des odeurs de la nature et de ses arômes. Le processus complexe de la formation du goût et sa fusion avec les souvenirs.

À travers la vitre de la fenêtre en verre soufflé, parsemée de bulles d'air, je distingue quelques arbres immobiles et, sur le côté, une seule branche du grand chêne.

Je respire lentement, je n'ai pas la force de bouger, la fièvre me paralyse.

Les gros flocons descendent du ciel en dansant et se posent en silence sur les branchages, ils forment une parure épaisse et donnent au vieil arbre une allure de jeunesse comme une jeune fille qui se serait parée d'une robe immaculée pour ce jour de fête. Je ne peux pas voir tous les arbres de mon lit, mais j'aperçois aussi la tour de la ruine dont l'aspect maussade habituel est transformé par sa couverture blanche. Elle ressemble maintenant au château des fées, dont je sais que l'existence est éphémère.

N'y pouvant plus tenir, je me lève et me traîne jusqu'à la fenêtre, je transpire, mes jambes ont du mal à me soutenir. J'aperçois l'étang qui s'est figé, recouvert d'une plaque de glace épaisse. Je vois au loin mes trois frères chaussés de patins ; ils vont et viennent, ils glissent en s'amusant sur l'étendue blanche et lisse. Je guette les millions de petits flocons qui se posent sur mon jardin d'enfance.

La nuit tombe, le grand jour est pour demain.

Je suis seule, ils sont tous à la messe de minuit. Ma respiration est lente, je me sens faible.

Le lendemain, en me réveillant dans mon lit en acajou, je perçois le va-et-vient des préparatifs du déjeuner de Noël. Tout le monde semble s'affairer, j'entends des voix qui donnent des ordres, d'autres qui rient, le bruit de la table que l'on apprête. Pas de service de vin pour moi, les bouteilles ont été préparées par mon père dans l'office.

Dans mon oreille, je sens une douleur lancinante et incessante qui me donne des vertiges. Le médecin a prévenu :

– Avec la récidive de cette double otite, elle ne devra pas quitter le lit pendant cinq jours.

J'entends mes frères courir, parler joyeusement, ils doivent organiser les santons. Ils ont ramassé dans la forêt des mousses et du gui, ils décorent le sapin que Marcel a choisi avec eux. J'imagine le bruit des papiers de soie dans lesquels sont rangées les boules de toutes les couleurs que j'avais sélectionnées l'année dernière. J'analyse les pas et les gestes de chacun.

C'est Noël et je ne peux pas être avec eux.

Je perçois la joie de l'un ou l'autre qui découvre son cadeau et j'essaye d'anticiper leur surprise. J'entends le bruit des couverts sur les assiettes en porcelaine.

Je ne peux rien sentir, j'ai du mal à respirer. Est-ce bien l'odeur du sanglier aux truffes ?

J'imagine Marcel le présentant religieusement sur le plat en argent qu'il porte avec ses gants blancs.

Quelques jours plus tard, je suis enfin autorisée à descendre le grand escalier en bois et je rejoins papa dans le salon vert. Mes frères et ma mère sont partis quelque temps à la montagne. Il fait gris et humide, la neige commence à fondre.

Mon père tient une flûte en cristal dans laquelle il a versé une larme de champagne Bollinger. Il me tend la boîte en métal de boudoirs roses, j'en prends un et le plonge dans la flûte.

Le craquement du biscuit dans ma bouche me redonne subitement le goût de vivre, le sucre glace qui le recouvre me tapisse le palais avec douceur. Les arômes légèrement oxydés du champagne sont ravivés et amplifiés. Le biscuit finement imprégné a une texture douce et soyeuse. Il fond lentement et se diffuse dans ma bouche, je sens soudain revenir les forces que j'avais perdues. Le sourire de mon père me réconforte.

Je me dirige ensuite vers la grande salle à manger et découvre la crèche et le sapin décorés de boules lumineuses. Elles se reflètent dans celles du lustre en cristal de roche. L'étoile accrochée tout en haut du sapin scintille et ressemble aux flocons qui dansent devant ma fenêtre. Le petit Jésus me sourit, nu sur son berceau de paille. Tout est là, en vrai cette fois, je suis heureuse de retrouver les santons de Provence, la bastide, les cyprès, le bœuf et l'âne malgré ma solitude, je les avais tant imaginés depuis le fond de mon lit.

Mais soudain, je sens comme une absence :

– Où est le bel oiseau blanc en verre ?

Je fais le tour du sapin, il est caché sous ses branches basses.

Je le positionne au bon endroit, à la place qu'il mérite, sous une étoile argentée, plus haut.

Quelques paquets ont été appuyés sur le côté, je distingue le papier à rayures sous le sapin, ils sont couverts d'aiguilles tombées des branches.

J'entends Marcel et Léone qui s'affairent dans la cuisine, je traverse l'office et les rejoins.

– Bon Noël, ma petite, tu es enfin guérie ! me disent-ils avec de grands sourires affectueux.

Léone me tend un pot de gelée de groseille qu'elle a préparé pour moi, il est entouré d'un ruban rouge.

J'y plonge une cuillère et tout à coup les lumières de l'été apparaissent dans la pièce, je suis en train de cueillir les groseilles dans le jardin de Marcel ! Sans qu'il s'en aperçoive, j'en avale autant que j'en ramasse.

Les arômes acidulés et fluides de la gelée sont concentrés, elle fond dans ma bouche et il reste longtemps en moi un parfum de groseilles qui embellit ma journée.

Je range le pot et le cache dans un des placards en chêne de l'office pour que mes frères ne le trouvent pas.

Je regarde mijoter les canards dans une grande casserole en cuivre. Leur parfum s'associe à celui des olives vertes qui les accompagnent.

Ma respiration revient, plus intense.

Par la fenêtre de la cuisine, je vois arriver la rivière où se disloquent des blocs de glace. Elle disparaît ensuite sous la maison et j'écoute le vacarme de leur chute sous le moulin.

Je mets mon manteau gris à capuche, je couvre d'abord ma tête avec une grande écharpe en laine bleue tricotée. Je retrouve mes sens en marchant dehors, le froissement de mes pas sur la neige légère me transporte. Je rejoins l'étang, j'avance doucement sur la glace qui craque en un bruit sourd sous mon poids, il résonne sur toute la rive, je remonte vite sur la terre ferme.

Un bruit infini…

Quelques traces d'oiseaux se dessinent sur la neige. J'aperçois la barque en bois, figée, prisonnière, immobile. Je suis seule, mais je sens que je reviens à la vie.

Je m'approche de mon chêne, et je m'imprègne de l'odeur de son écorce, de la mousse, des lichens et de l'humus amplifiée par la fonte de la neige. Tous mes sens se remettent à fonctionner et me rendent ma force.

C'est le plus beau Noël de ma vie ! Je viens de prendre conscience du bonheur de vivre.

Ce sentiment que je ressens à dix ans est le même plus tard à la Calisse lorsque je marche dans les vignes ou que j'élabore les vins.

Les différences de couleurs du ciel, bleu ou mauve, des terres brunes ou ocre, les odeurs florales ou fruitées que je respire sont comme mes philtres de bonheur. En symbiose avec eux, je me sens libre, plus libre que l'air du mistral qui fait plier les cyprès de Provence, et chasse les nuages…

7.

Un être différent

Voyage sur les toits de Paris.
Mais mon besoin de nature se renforce.

Je suis un être différent, la dernière derrière trois frères. Ils ont tous accompli leur parcours et ont intégré des grandes écoles réputées. Je les ai vus travailler avec acharnement pour réussir les concours, et je crois bien que c'est pour cette raison que je suis transie de peur chaque fois que se présente un examen. J'ai le sentiment d'être différente, ni comme eux ni comme les enfants de mon âge.

Je préfère grimper sur les toits de Paris. J'y retrouve les images que j'aime.

Après l'école, je rentre dans ma chambre, je suis de nouveau face au papier peint et aux oiseaux. Ils me font peur, car ils ne bougent pas. Cela me paraît étrange, ils sont alignés, ailes ouvertes et immobiles avec des couleurs criardes… Ils se ressemblent et se reproduisent d'un lé à l'autre, indéfiniment, inlassablement…

Je sors par la fenêtre et je longe les balcons sur le bord extérieur, je rejoins le toit de l'immeuble voisin du nôtre et je grimpe le long de la cheminée qui est contre le pignon.

Je retrouve l'impression de communion avec le monde dont j'ai besoin, j'observe les lumières de Paris, je ressens enfin une grande liberté.

Là-haut, les oiseaux bougent et volent dans le vent. Parfois la lune apparaît, elle est moins lumineuse que lorsqu'elle se reflète sur la rivière, du haut du grand chêne, dans mon jardin extraordinaire.

Je me sens un être différent, proche de la nature, je crois que c'est une force, qui me permet de vivre pleinement.

8.

Les Rocheuses

Les voyages forgent le caractère.
Une autre nature dans les Rocheuses,
peuplée d'animaux féroces.
Ma rencontre avec l'un d'eux.
Le retour en France.

J'ai treize ans depuis peu, je suis déjà grande pour mon âge, j'ai réussi à convaincre ma mère, elle m'annonce la nouvelle :

– C'est d'accord, tu iras aux États-Unis et au Canada dans le ranch des amis de la famille cet été, tu resteras deux mois.

L'idée me réjouit, ma cousine m'ayant raconté son séjour chez les C… dont elle garde un très bon souvenir. Je viens de terminer ma quatrième et, bien que cela m'angoisse un peu, je suis ravie de penser à cette aventure.

Le séjour de l'année précédente en Angleterre a été mon premier voyage seule hors de France. Nous habitions dans une caravane et le père de la correspondante avec laquelle j'étais entrée en relation grâce à l'école passait ses journées à jouer au poker. Il avait très vite montré une grande sympathie pour moi, sans doute mon côté garçon manqué lui plaisait.

En Angleterre, j'ai appris à reconnaître les marques de bière et je suis devenue une bonne joueuse de poker, la jeune fille de mon âge préférant se préparer longuement et retrouver son « boy-friend » avec lequel elle restait enlacée à longueur de journée face à la mer.

Je suis heureuse de quitter l'uniforme gris et blanc de l'école. Dans mes bagages, j'empile quelques pantalons en velours, un anorak et une paire de chaussures de marche bicolores ainsi que des baskets.

À l'aéroport, nous déposons les valises, l'une d'elles remplie de fromages de France de toutes provenances. Mon père me fait un grand signe de la main, je disparais dans les méandres des escalators, enthousiaste à l'idée de partir à la découverte d'un monde si lointain.

Lorsque l'avion atterrit à Chicago, le panneau de correspondance clignote pour la destination de Minneapolis :

– Vous risquez de rater l'avion, il faut courir vite ! me dit l'hôtesse, en m'indiquant le numéro du vol.

Je ne pensais pas que ma première visite aux États-Unis commencerait par un sprint à travers un immense aéroport.

Ouf ! le pilote m'accueille avec un grand sourire, il m'attend, on ferme les portes derrière moi.

« Et ma valise, me dis-je soudain, et la valise des fromages ! »

Il y a du brie, du camembert, de la mimolette que ma mère a choisis comme cadeaux… une sélection du meilleur affineur de la rue des Belles-Feuilles.

Ma valise sera annoncée une semaine plus tard, celle des fromages n'arrivera jamais : elle a été bloquée à la frontière, l'odeur a attiré l'attention des douaniers !

Le grand voyage de la traversée des États-Unis approche enfin ! Mon oncle me dépose à la gare, je démarre un périple de trois jours en train.

Je m'installe dans une petite cabine avec un lit pliant en imitation cuir qui se rabat pour faire banquette. Il y a des draps et une minuscule salle de bains avec lavabo.

Ma curiosité est grande ; je ne quitte pas la fenêtre, il faut bien observer ce nouveau pays qui est si loin du mien. Si différent aussi : je cherche les clochers, les villages du Moyen Âge, je vois plutôt d'immenses étendues sauvages et vallonnées, des maisons en bois et des villes avec des gratte-ciel.

Pas de parents ni de frères, je prends conscience que je vis quelque chose de nouveau.

Après trois jours passés dans cette petite cabine, nous ne sommes plus qu'une dizaine en arrivant à la gare de Pincher Creek dans l'Alberta et seulement quelques personnes quittent le train à cet arrêt au bout du monde. Un spectacle de montagnes s'ouvre devant moi.

J'entends siffler le contrôleur, je regarde sur le quai. Suis-je descendue à la bonne gare ?

Soudain, j'aperçois un homme d'une soixantaine d'années à qui il manque un bras et qui porte un chapeau de cow-boy.

– *Patrice, how are you ?* Nous sommes très heureux de vous recevoir ! Je m'appelle Allan.

Il tente de m'expliquer des choses, et je me dis :

« Mon séjour en Angleterre n'a pas été suffisant, je ne comprends pas un mot. »

Un long trajet dans un van rempli de foin m'amène jusqu'au ranch. Allan me montre les étendues où apparaissent au loin les buffles. Tout est nouveau pour moi.

Après une interminable route droite à travers des prairies

où paît le bétail, je découvre les lieux : c'est un ensemble de quelques bâtiments en bois, dont le plus grand, et le plus proche de la forêt, est le dortoir des enfants. Il est entouré de montagnes, de sapins, et de champs de foin.

La fille d'Allan, Lucy, m'indique un espace où je peux installer mes affaires. Il y a des vêtements en vrac éparpillés et des sacs de couchage à même le sol.

– Ici tu seras bien, près de la fenêtre.

La salle de bains – une douche et un lavabo sur la terre battue – est recouverte d'un toit en tôle, elle est dans un angle du bâtiment principal près de la chambre d'Allan et de sa femme Jenny. Il y a une grande cuisine, une table en bois entourée de bancs et un petit salon avec des rocking-chairs et une cheminée en briques.

Je pose ma valise et installe mon lit, je prépare mon duvet. Le soir en m'endormant je pense au bon matelas en laine de ma chambre…

Dans la nuit, les cris des coyotes me réveillent, j'essaie de les voir par la fenêtre, je devine leurs yeux brillants, Lucy me dit qu'il ne faut pas s'en inquiéter, ils sont à distance et n'attaquent que rarement, car ils ont peur des hommes.

Je regarde la lune. Quand arrivera-t-elle dans mon jardin de l'autre côté de la planète ?

– Dis-leur que je ne les oublie pas.

J'envoie un message à mes amis : l'écureuil du sorbier, la bergeronnette du grand chêne, la statue du bout de l'étang… je m'endors en réalisant qu'ils me manquent.

Le premier jour, Lucy m'indique le travail à réaliser. Elle me tend un pinceau et un pot de peinture de couleur marron en me montrant la grange en bois de stockage du foin.

– Ce sera ta tâche, attention, le bâtiment est haut !

Je la rassure, rien ne m'effraie puisque dans mon jardin je vis dans les arbres.

– Ce sera ton cheval, il s'appelle Pop-corn !

C'est un grand cheval blanc avec quelques taches noires. Lucy lui met son mors et m'aide à le chevaucher.

– Nous montons sans selle, sauf pour les randonnées, tu verras, c'est facile !

La journée se passe à travailler dur, je m'applique à mon travail de peinture, je suis souvent au-dessus du vide en haut du bâtiment. Le soir, avant le coucher du soleil, Lucy me rejoint et nous nous élançons à travers les prairies. Des kilomètres de vastes plaines où je galope sans m'arrêter. Je ne fais qu'un avec Pop-corn. Les grandes herbes et les fleurs sauvages me caressent les jambes, nous galopons encore et encore. Les paysages des Montagnes Rocheuses enneigées se déploient comme un film devant mes yeux.

Je monte à cru, le dos de Pop-corn transpire, je penche la tête vers sa crinière dans le vent, j'entends son souffle régulier, nous nous envolons ensemble dans ces étendues immenses.

Parfois nous partons plusieurs jours dans une autre vallée rejoindre les cow-boys qui dirigent le bétail. Nous dormons à la belle étoile, nous faisons un feu pour nous réchauffer, et avec des branches de buissons, nous grillons au-dessus des braises des *marshmallows*, et nous nous régalons de tranches de pain recouvertes de beurre de cacahuète, notre cheval toujours à côté de nous. Nous nous endormons directement sur les rochers.

Un matin, alors que nous nous réveillons très tôt, l'un de nos amis cow-boys qui réunit le bétail avec son lasso nous fait signe, il est plus bas vers la forêt, nous connaissons le sens de ses indications : un grizzli s'approche de nous. Il a dû nous sentir.

La consigne est donnée : plus un geste, plus un mouvement, debout sans bouger. Je retiens ma respiration.

Il apparaît subitement assez loin, il se déplace lentement, habilement à travers les éboulis de roches de la montagne d'en face, en roulant sa tête, il observe en même temps tout autour de lui.

Lorsque son regard se dirige vers moi, je suis immobile, j'entends mon cœur qui bat. Il est impressionnant, puissant, son poil très épais, gris clair et blond reluit, scintille, son balancement est comme un pas de danse, il se contrôle, se retourne, respire plus fort. Il se fige, je crois que c'est la fin… Son regard est intense, profond, il croise le mien, fixe.

Puis il baisse la tête, on dirait qu'il me reconnaît, se soumet. Je retiens toujours mon souffle.

Il se retourne et repart, poursuit son chemin, j'attends un peu, et respire enfin à mon tour.

De dos, il est encore plus majestueux, comme une boule de fourrure épaisse qui roule, il disparaît dans la forêt, je commence presque à le regretter.

La puissance de son être m'a subjuguée, nos existences se sont croisées… quelques secondes. Il poursuivra sa route, et moi la mienne, deux êtres si différents l'un de l'autre, et pourtant si semblables sur un point : tous les deux habitants de la même planète…

J'ai treize ans, je garde le souvenir d'une émotion secrète partagée avec l'imposant grizzli des Rocheuses. Je viens d'apprendre l'importance du « contrôle de soi » face au danger.

Allan nous annonce quelques jours plus tard :

– Nous partons faire une balade dans le Banff National Park. Prévoyez un sac de couchage et le moins de choses possible, il faudra marcher longtemps.

Il nous fait enchaîner les sommets dans des paysages de sapins et de lacs majestueux, dans lesquels nous nous baignons. Nous sommes seuls dans ces montagnes, le danger du grizzli est toujours présent.

Allan m'a remarquée parmi les jeunes qui rejoignent le ranch chaque année : il est vrai que j'ai terminé en un temps record, sans aide, la peinture du bâtiment de stockage du foin. Il voit que je m'adapte, que je suis à l'écoute, curieuse de tout.

– Tu vas maintenant rentrer en courant jusqu'au camp, me dit-il avec un air taquin, après une journée d'escalade très intense.

– OK, dis-je sans trop réfléchir.

Je me sens pourtant déjà très fatiguée.

– Je te parie un dîner au Ritz que tu ne le feras pas, propose-t-il, certain d'avoir gagné.

Je me mets alors à courir sans m'arrêter, je rythme mes pas, j'organise ma respiration, je sais que ce sera long, je garde ma vitesse sans perdre d'énergie inutile. Concentrée, je ne pense plus, j'avance, je cours.

Ce n'est pas le Ritz qui m'intéresse, mais son idée, en quelque sorte une invitation à rejoindre son monde :

celui du dépassement, celui qu'il a connu dans l'armée américaine, celui qui l'a fait vivre et se battre malgré son bras arraché dans cette horrible guerre du Pacifique.

Je m'écroule en arrivant à l'endroit du campement, épuisée mais fière de moi. Je viens de remporter mon pari.

Je vois son regard attendri.

– Fantastique Patrice, tu as gagné, tu as gagné un dîner au Ritz !

Le séjour dans les Rocheuses arrive à sa fin, Allan nous ramène, Lucy et moi, dans sa maison du Connecticut avec son petit avion à hélice abrité dans une grange abandonnée près d'une piste en terre battue, au milieu du ranch. Il le conduit avec son unique bras, le vol est secoué par les turbulences. Je fais semblant de ne pas avoir peur, il se moque de moi en riant.

Nous faisons quelques escales dans des aéroports, nous retrouvons le monde des humains…

Après quelques jours passés dans sa belle demeure d'Old Lyme donnant sur la mer, mon retour devient inévitable. Les grands arbres entourant la maison ont déjà les couleurs rouge et jaune de l'automne.

Lorsque je m'envole vers Paris après deux mois dans les Rocheuses, je me sens profondément triste. Je regarde par le hublot les terres de l'Amérique qui s'éloignent. J'essaie d'apercevoir d'en haut l'unique bras d'Allan qui me saluait de loin quand je suis montée dans l'avion. Je ne le vois plus.

Je pense tout à coup à Pop-corn. Que va-t-il devenir ? Il doit me chercher, je revis nos galops infinis dans les prairies multicolores. Je ne peux plus retenir mes larmes. L'hôtesse tente de me consoler.

– Attachez vos ceintures, l'atterrissage est proche, nous arrivons à Paris !

Je n'oublierai jamais ce magnifique voyage en Amérique et dans les Rocheuses. J'y ai appris à me dominer, à travailler, et à me dépasser. Et se dépasser pour créer, cela est aussi nécessaire dans le métier de la vigne et du vin.

À Roissy, je reconnais mon père, je m'approche de lui, je remarque qu'il me cherche et ne me voit pas.

– Papa je suis là !

Je porte mes habits de cow-boy, mon chapeau en feutre gris avec un lacet noir, ma salopette en jean dont les bretelles se ferment par des boucles en acier, ma chemise en laine à carreaux bleu marine et blanc.

– La rentrée est demain, me dit-il en se demandant si je n'ai pas été définitivement transformée lors de ce séjour.

Le soir, je me couche et m'endors directement sur le parquet en chêne en point de Hongrie, il me faudra plusieurs mois pour m'habituer de nouveau à mon lit. Papa m'observe d'un œil étonné. Je suis devenue une autre, je sais qu'il le comprend.

Le lendemain, je plie mes habits de cow-boy sur le fauteuil en noyer de ma grand-mère recouvert de tapisserie, et je les range dans la vieille armoire bressane… Je dois remettre mon uniforme : jupe plissée grise à bretelles, chemise blanche, chaussettes hautes, mocassins noirs.

Dans la cour de l'école, sous les marronniers jaunis, les feuilles sèches craquent sous mes pas.

La mère supérieure nous accueille, nous nous mettons

en rang, je retrouve quelques amies qui parlent de leurs vacances chez leurs grands-parents. Une seule fois je tente de raconter ma rencontre avec le grizzli des montagnes Rocheuses, mais la maîtresse me coupe très vite :

– Vous avez eu beaucoup de chance d'avoir visité un zoo, mais il n'est pas nécessaire d'inventer ces histoires, mademoiselle.

Je n'évoquerai plus jamais mon voyage à l'école. De longues heures d'ennui vont suivre dont je ne sortirai que grâce au talent d'un professeur qui saura retenir mon attention.

Quelques jours plus tard, je récupère de justesse la lettre qu'a envoyée Allan à mes parents, il y insiste sur le fait qu'il a été heureux de mon séjour au ranch et décrit mes nombreux exploits et qualités.

– Il fait des compliments, c'est bien gentil, dit ma mère d'un air dubitatif.

Depuis ce jour, je la garde cachée, comme un talisman dans mon bureau. Elle est froissée, le papier est jauni, la couleur de l'encre a terni, les mots sont toujours là : « Une enfant très volontaire, si curieuse d'esprit, *so clever*, a-t-il écrit. Elle réussira, vous devez être fiers ! »

J'ai mis très longtemps à réaliser ce qu'il avait prédit…

Il ne viendra plus à Paris et il me doit toujours ce fameux dîner au Ritz. Mais je garderai longtemps les leçons de ce voyage sur la nécessité de se dépasser.

9.

La Palme d'or

Pendant que je préparais le démarrage de ma vigne j'ai eu la joie de participer au projet de renaissance du vignoble de mes amis les moines de Lérins, au large de Cannes. Le contraste de rythme de vie entre ce havre de paix à quelques encablures du festival et de son agitation est une grâce.

Il fait froid pour un matin de mai.

Il est 5 heures du matin et la lumière se lève sur la petite fontaine de la place de Gaulle en face du palais des Festivals. Je regarde la mer et les vagues gris argent des jours de mistral. Je suis inquiète, la traversée risque d'être dangereuse.

Je marche vers le port et des cris surgissent vers le kiosque à musique.

– Laisse-moi, va-t'en, gémit la jeune fille qui est pieds nus sur le terrain de pétanque.

L'homme, un barbu en smoking, la tire par le bras. Elle a une robe en mousseline blanche et un bracelet en diamant à la cheville.

Qui sont ces inconnus ?

De l'autre côté, vers le port, les moines font rouler les barriques sur le ponton. Ils portent leurs robes de laine et des sandales. Leurs pieds sont serrés par des lanières en cuir marron. Je les rejoins. Ils m'attendaient, et ensemble nous arrimons les barriques les unes au-dessus des autres sur le pont du petit bateau peint en bleu et blanc du monastère de l'île.

Les gros yachts semblent nous scruter de haut en nous méprisant, ils sont amarrés par d'immenses cordes tendues sur des anneaux en fer. Le petit pointu bleu et blanc, indifférent à leurs regards, exhibe fièrement sa cargaison et fait gronder son moteur au passage du phare, face à ces géants qui demeurent impassibles.

À cette heure, le ciel est encore rose au-dessus de l'Estérel. J'entends les cloches.

Le père abbé nous guette depuis le rivage sur les rochers rouges. Je devine sa croix blanche en ivoire qui pend sur son habit. Je me souviens qu'il a dû persuader toute la communauté. Une femme dans la clôture ! C'est la partie réservée aux moines dans le monastère et qui n'avait pas reçu la visite d'une femme depuis le VIe siècle.

Puis les vignes ont été replantées… et les moines ont tous participé aux vendanges. Sous l'impulsion du père abbé, le monastère s'inscrivait dans son temps.

– Il faut ramasser les raisins frais le matin très tôt, lui avais-je dit.

Et en suivant mes consignes, il avait même réussi à faire changer les horaires des matines.

Il m'a autorisée à emmener frère Marie et frère Isidore aux cours d'œnologie. Ils ont appris que la prière ne suffisait pas pour faire les vins.

Les barriques sont installées dans la cave en pierre voûtée et nous descendons le vin des cuves vers leurs nouvelles demeures, par gravité. Je dirige mon oreille et j'entends les levures qui frémissent. Le rythme est lent ;

elles travaillent consciencieusement. Et des arômes de fleurs blanches envahissent la cave.

Puis, à l'appel des cloches, les frères rejoignent le père abbé pour la messe.

Je vois alors soudain la robe de mousseline qui dépasse de l'imposante porte en bois de l'église et, dans son ombre, le jeune homme barbu de ce matin. Ils redescendent les marches et se photographient devant la statue en plâtre de la Vierge qui leur sourit tendrement dans le jardin du monastère, à l'ombre des palmiers. Puis ils disparaissent en direction de l'allée des eucalyptus.

Nous déjeunons avec le père abbé dans la salle à manger privée du cloître et imaginons les futures cuvées.

Des gravures de la vie de saint Honorat sont affichées au mur. Je reconnais celle que nous avons choisie pour l'étiquette, représentant l'abbaye au VIe siècle.

Je dois repartir juste avant la nuit. Le petit bateau bleu et blanc m'attend. Les eaux du port sont turquoise et ondulent en fines vagues. Les moines me saluent depuis les rochers rouges. Comme je m'éloigne, ils se confondent peu à peu avec les cyprès, ils ressemblent à des pinceaux qui dessinent sur le ciel.

En face, au loin, les lumières s'allument les unes après les autres. Les hôtels de La Croisette sont cachés derrière de larges panneaux qui clignotent. J'aperçois leurs reflets sur la mer et les lettres des majors du cinéma qui s'affichent : Warner Bros, Gaumont…

Je croise la jeune femme en robe de mousseline blanche qui monte pieds nus les marches recouvertes d'un tapis rouge.

Je pense aux vins qui pendant ce temps s'épanouissent dans les barriques, bercés doucement par les chants cisterciens.

Les flashs des photographes crépitent.

Cette année 1992, la Palme d'or a été attribuée à la « Vendange des moines ».

Mais c'est un secret… Promettez-moi de ne le dire à personne…

10.

Voir et comprendre

Le musée du Louvre. Apprentissage de l'art.
Le monde de mes rêves.
Comment s'inspirer du terroir.
Comme l'artiste, il faut prendre le temps d'observer.

Mon premier jour à l'École du Louvre correspond à l'une des immenses chances de ma vie.

Il y a devant moi une petite table en bois sur laquelle je pose mon cahier et mon stylo. La salle majestueuse du Louvre est pleine à craquer, certaines personnes sont contraintes de s'asseoir par terre dans les rangées, d'autres sont agglutinées le long des murs. Je discute un peu avec ma voisine, une jeune fille avec de longs cheveux blonds qui écrit son nom sur son carnet, je remarque sa belle écriture ronde.

Les premiers cours ont pour thème la Préhistoire, les débuts de l'art.

Les lumières s'éteignent, le professeur est assis à droite de l'écran et s'adresse à nous dans la pénombre. Une petite lampe est dirigée vers son pupitre, elle illumine son visage en le déformant, ce qui le rend magistral.

Je me prépare à retrouver le monde de l'école que je connais en me rappelant ce professeur d'histoire de terminale. Il y avait un accord entre nous ; je le faisais rire.

– Vous ne travaillez pas beaucoup, mais vous êtes très sympathique !

En étant sympathique, je m'étais exonérée du programme d'histoire… Heureusement, il y avait mon professeur de physique qui me trouvait aimable, aussi, mais qui avait su me convaincre de l'intérêt de ses cours en me faisant aimer la physique et la chimie. Son enseignement avait transformé les matières de l'univers en les rendant vivantes. Les atomes, avec lui, avaient un sens. Je me sentais en confiance, car il y avait en lui une gentillesse bienveillante qui me rassurait. Grâce à son enseignement, je me suis plongée plus tard dans mes livres d'œnologie avec facilité.

Je me demande comment seront les professeurs d'histoire de l'art de l'École du Louvre.

Le grand écran blanc s'allume. Un frisson me parcourt l'échine. Les images s'enchaînent, elles racontent notre humanité.

Devant moi, l'homme de Cro-Magnon, dernier témoin du paléolithique, puis toutes les époques et toutes les civilisations défilent sur ce tableau. Je découvre les plus belles transpositions de ce que les hommes font, voient et ressentent à travers leur temps.

Plus tard, je remarquerai les oiseaux des tombes égyptiennes, tellement différents de ceux du papier peint de ma chambre : ils volent autour des pharaons, leurs superbes couleurs les rendent vivants.

Des Vénus préhistoriques aux cathédrales du Moyen Âge, l'histoire apparaît en images devant moi tout au long de l'année. Saint Louis est vivant, je suis aussi dans l'atelier d'un sculpteur grec, je voyage dans le temps. Je regarde avec des yeux émerveillés tout ce qui s'affiche sur l'immense écran blanc.

Les professeurs s'adressent à nous comme s'ils échangeaient avec les artistes de toutes les époques de l'histoire de l'humanité. Nous partageons avec eux ce besoin de comprendre l'homme et le monde dans lequel il évolue. Ce sont tous de grands historiens de l'art qui savent interpréter et expliquer ces œuvres.

Je repense à M. Amiet, spécialiste des civilisations sumériennes dont le regard se reproduit comme un phare audessus du pupitre lorsqu'il nous détaille sur l'écran pendant des heures les sceaux-cylindres. Des œuvres de quelques centimètres seulement dont il y a pourtant tant de choses à dire. Ces cylindres se déroulaient sur l'argile faisant apparaître des éléments symboliques qui traduisaient les croyances de la société et son organisation autour de ces petits hommes portant un bonnet à large bandeau représentant le roi-prêtre. Ils sont un des premiers marqueurs de la notion de propriété.

Mon professeur d'art grec, M. Pasquier, détaille les statues au style sévère, chaque centimètre est exploré, du pli de la robe d'une coré, au mouvement et au regard pensif de l'éphèbe de Critios.

J'arpente le musée du Louvre pendant des heures, mes pas font bruisser les vieux parquets cirés des salles où sont offertes les plus belles œuvres. Le musée est désert à certaines heures, je discute avec les gardiens qui me reconnaissent. Je me passionne pour le département des vases grecs, rouges à figures noires, puis noirs à figures rouges à partir de la période classique. Lorsque mes amies viennent à la maison, je les reçois dans ma chambre, je leur expose les époques et les thèmes de la mythologie qu'ils représentent.

Les oiseaux immobiles du papier peint ont disparu, j'ai tapissé les murs avec une toile de jute bleue.

Je vois dans leurs yeux cette attention qui sera la même que celle que je retrouverai plus tard lorsque je décrirai mes vins aux invités de la Calisse.

Je m'interroge sur ce que je ressens.

Ai-je rencontré le monde de mes rêves ?

L'être un peu à part devient un être à part entière à travers l'exploration des civilisations. Je suis fascinée par mes professeurs qui nous transportent dans les siècles de l'histoire.

Cependant, après un an de cours, l'examen arrive, porteur d'inquiétudes.

Vais-je réussir, alors que je suis si peu sûre de moi ?

L'écrit se déroule finalement assez bien, je me rends compte à la fin de l'épreuve que j'ai traité sans difficulté le sujet sur la Mésopotamie. Les images sont inscrites dans ma mémoire.

L'examen d'art grec après la description d'une statue du style sévère se passe bien. Mon professeur m'écoute, cela devient presque une conversation amicale entre nous.

Puis, vient une question relative à l'architecture du temple.

Si je suis sûre de bien connaître les hauteurs des colonnes, les distances entre les colonnes, les naos, les pronaos des temples étudiés, je redoute un peu cette épreuve.

– Présentez le temple de Ségeste, me demande-t-il.

En contrôlant ma peur, j'arrive à énumérer tous les éléments du temple et je les décris l'un après l'autre.

– C'est très bien, merci, me dit-il à la fin de mon exposé.

Je retourne m'asseoir dans l'amphithéâtre.

« Pourvu que la note soit bonne », me dis-je avec un sentiment inhabituel de fierté.

J'ouvre à tout hasard mon cahier pour vérifier les détails du temple de Ségeste.

Je sens subitement ma respiration s'arrêter lorsque je constate que ma description correspondait à un autre temple. Les quelques minutes qui suivent sont terribles, mon cœur se met à battre.

Suis-je donc redevenue stupide ?

Puis, en découvrant avec surprise ma bonne note, je me rends compte que mon professeur n'a peut-être pas relevé mon erreur. Comme j'avais bien répondu pour la description de la statue, il ne m'avait pas écoutée pour celle du temple, qui était à ses yeux secondaire. J'avais énuméré les caractéristiques d'un autre temple, mais finalement ça n'avait pas d'importance puisque les choses essentielles de son cours étaient, pour lui, comprises…

Je suis définitivement guérie de mon angoisse des examens.

Je me rends tous les jours avec bonheur à l'École du Louvre, je ne manque aucun cours. Ils se déroulent dans une aile du palais du Louvre donnant sur la Seine.

Je suis heureuse d'arriver avec ma voiture, une 2 CV beige, je viens de réussir mon permis, je me sens libre. Je la gare dans un petit passage étroit et pavé qui descend vers la Seine, j'y déjeune souvent en regardant les flots s'écouler.

Je révise mes cours, l'histoire de l'humanité défile au rythme lancinant des ondes devant moi. Je suis devenue une personne à part entière, je partage dorénavant les images et les émotions des hommes des civilisations de tous les temps.

Phidias se sert de son ciseau pour créer et fabriquer sa statue, lorsqu'il reçoit la commande de Périclès. L'époque est au doute. Peut-il pressentir l'amertume des défaites à venir des Athéniens ? Ses sculptures traduisent une inquiétude. Sur ses métopes, les visages se retournent vers l'arrière, comme pour transcrire le doute.

Il va jusqu'au bout de ses forces pour réaliser la statue d'Athéna, imposante, faite d'ivoire et d'or. Elle revêt le péplos, elle tient d'un côté la lance, à ses pieds est posé son bouclier, elle porte un casque au milieu duquel est inscrite la figure du sphinx. Elle mesure douze mètres. Le blanc de l'ivoire qui simule la peau de la déesse contraste avec l'or des autres parties, la statue est impressionnante dans le naos du temple. Phidias est allé chercher au fond de ce qu'il croit dans cette œuvre, en l'honneur de Périclès.

Dans la pénombre, notre professeur nous fait étudier encore et encore cette période sévère, celle de la mutation vers la prise de conscience de la fragilité de l'homme, la plus belle, la plus riche. Nous passons parfois plusieurs cours à chercher à comprendre le mouvement d'une statue, les évolutions de style dans ces sculptures s'expliquent par celles de la philosophie, dont c'est le début avec les premiers penseurs grecs… Les questions que se posent les philosophes s'expriment à travers le ciseau du sculpteur grec.

Les Grecs nous disent avec force leur foi en l'homme dans les messages qu'ils transmettent par leurs sculptures.

C'est la civilisation où l'homme est représenté nu, dans sa beauté originelle. À travers son corps, on devine sa pensée.

La connaissance des temples et de leurs lignes parfaites pour l'époque me permet d'appréhender les choses avec un regard plus précis, et plus interrogateur. Je ne me contente plus d'une simple image lorsque je regarde un paysage. Je perçois, j'analyse, je doute et j'essaie d'interpréter… Je me mets à la place du sculpteur devant l'œuvre à accomplir.

Cette méthode m'aidera à programmer les travaux dans les vignes.

Par exemple, en reconnaissant les zones des différents terroirs, je décide de planter les vignes dans un sens opposé, par intuition, je fais des bandes dans le sens de la pente au lieu de les faire horizontalement, en suivant les restanques en pierres confectionnées par les anciens qui servaient surtout à retenir l'eau des cultures.

– Pas d'eau dans la vigne, elle produirait des raisins de mauvaise qualité, me dit André, mon professeur d'œnologie.

Je supprime quelques restanques et organise les plantations dans le sens nord-sud.

– Cela aide l'eau à s'écouler, ce qui favorisera l'avancement des maturités, dis-je aux journalistes qui s'interrogent sur le sens de mes plantations.

Quand on plante les vignes de la sorte, le soleil réchauffe les cailloux dans les rangs, cette chaleur accumulée est renvoyée la nuit sur les raisins, et accélère le mûrissement.

– Il fallait y penser, me dit Isabelle, mon amie géologue qui vient explorer la Calisse quelques années plus tard. En fait, vous avez suivi les différents terroirs de vos parcelles intuitivement !

Souvent, en observant les paysages de la Calisse,

je remarque un indice dans la couleur du ciel, par exemple, qui orientera mes choix du jour.

C'est cela, le métier de viticulteur : il y a tous les jours des décisions à prendre, et on se trouve parfois très seul pour le faire. Mais elles seront primordiales, le résultat final dépendra du degré d'observation.

N'est-ce pas quelque chose que l'on peut appliquer aussi dans la vie ?

D'abord prendre le temps d'observer, puis analyser et, seulement après, décider. Cette obligation de faire des choix me tient en alerte en permanence.

La vigne et la nature fournissent des indices visibles qu'il faut savoir interpréter pour agir, ce qui explique pourquoi il m'est si difficile de la quitter, surtout dans les périodes cruciales qui vont du débourrement (sortie des bourgeons) à la nouaison (apparition des grains).

Une indication que je n'aurais pas repérée peut entraîner une catastrophe. Ma faculté à décrypter les images m'aide à faire mon métier de viticultrice.

Je découpe mon terroir en zones qui correspondent aux différents cépages que j'ai choisis. J'organise les plantations en formant des lignes parfaitement droites comme les colonnes des temples grecs ! De la maison, toutes les rangées sont visibles et les lavandes suivent les mêmes lignes que la vigne.

Dans mon vignoble, j'inscris ce que j'ai compris à l'École du Louvre ; il est mon œuvre, c'est le temple que j'ai construit, il me renvoie chaque jour dans le grand amphithéâtre où j'ai appris à regarder le monde.

Vin blanc clair, jaune pâle, brillant, cristallin. L'examen visuel est une des composantes de la description des vins.

Le vin est vinifié comme une statue… aux reflets d'or.

11.

Retour à l'école

Pour mon premier jour d'école,
j'avais pris la fuite. Au lycée agricole
tout deviendra ensuite formidable
avec un professeur qui m'apportera beaucoup.

Ce matin d'automne est différent des autres, un froid glacé est tombé sur la Provence et seules les grives passent dans un ciel bleu purifié par le mistral en sifflant au-dessus de nos têtes.

C'est mon premier jour d'école et je suis déjà angoissée à l'idée de démarrer ces études d'œnologie qui doivent durer un an à Hyères. Finalement, pourquoi plonger dans ce savoir alors que je ne suis pas sûre de la qualité de ce terroir, ne vaudrait-il pas mieux planter des blés et retrouver les vues du jardin de mon enfance en Seine-et-Marne ?

Je me gare devant le majestueux lycée agricole décoré des portraits de nos grands scientifiques et caché par endroits par l'ombre des palmiers qui l'entourent.

J'ai préparé un cahier et un stylo et cela me renvoie quelques années auparavant le jour de mon entrée à l'École du Louvre. Ou bien peut-être même à ma première journée d'école.

Il faisait chaud ce jour-là, j'avais dû m'habiller vite car nous n'étions pas en avance, ce nouvel uniforme me grattait au niveau des bretelles de la jupe bleu marine, malgré l'épaisseur du chemisier blanc en popeline de coton.

Ma mère me tire vers l'entrée de l'école de l'avenue Georges-Mandel alors que je ne pense qu'à ramasser les marrons brillants qui se détachent de leur coque verte et piquante.

Zut, pas de poche dans cet uniforme pour en ramasser quelques-uns.

Le paysage est beau, à travers les feuilles le ciel bleu pâle fait ressortir le mouvement des branches.

Nous passons la grande porte en bois donnant sur la large avenue qui mène à la place du Trocadéro. Sous un porche qui mène aux salles de cours me parvient la voix de la demoiselle de division, elle glisse des mots que je n'entends pas, j'observe autour de moi : des dizaines de petites filles portent le même uniforme, elles rentrent sagement dans les classes.

Ma mère lâche ma main et une autre que la sienne la remplace, un peu rêche, j'effleure avec ma tête la jupe grise en laine de la maîtresse ; cette main est étrangère, je lève les yeux et j'aperçois un visage sombre, triste et gris qui m'inquiète, en improvisant un sourire faux et menteur. Je me souviendrai toujours de ce rictus dans lequel je repère un danger, comme la belette des bois qui sent la présence du renard.

En un éclair toutes ces pensées affluent dans mon esprit de petite fille :

Que fais-je ici, est-ce que je vais devoir rester enfermée avec ces autres filles et cette maîtresse que je ne connais pas ; pendant ce temps-là, qui donc s'occupera de mon jardin secret ?

Un sentiment étrange de tristesse et de peur m'envahit.

Cette main qui me tient prisonnière me glace et une force de rejet absolu m'emporte sans que je puisse la contrôler. Au milieu du tumulte, je profite d'un instant d'inattention de sa part, et je me détache dans un élan irrépressible.

Trois secondes plus tard, je suis dans la rue, je sens tout mon corps qui me force à fuir par grandes enjambées, je ne peux plus m'arrêter.

Fuir, fuir cette ambiance d'ordre et de prison dans laquelle je ne pourrai pas vivre, sans mes arbres, sans les fruits, la récolte des blés, les odeurs des mousses et de l'étang, les fleurs blanches du cerisier au printemps.

Libre, je cours, aussi vive que l'air, les feuilles mortes dansent sur mon passage et forment des guirlandes dorées, j'attrape quelques marrons, je les cache dans mon chemisier en le nouant, je ressens au fond de moi ce sentiment féroce de liberté !

Ma mère m'aperçoit dans le couloir de l'entrée avec un air de surprise et de dépit :

– Comment, tu es rentrée ? Pourquoi ?

J'ai oublié la suite, la partie où je me suis résignée à accepter de m'intégrer dans ce monde étrange et, pourtant, je crois que j'ai bien aimé finalement les premières années de l'école car j'ai vite compris qu'il ne pouvait y avoir de vrais progrès dans la vie sans connaissance…

Retour à Hyères.

– Nous allons procéder à une étude de vos connaissances afin de distinguer les groupes selon les niveaux.

Zut, tout ce que je déteste revient, encore des examens !

En fait il est question de calculs de surfaces, de robinets

qui coulent et remplissent un bac, je crois que je m'en sors pas trop mal.

Quelques candidats sont éliminés, la classe comprend essentiellement des adultes, viticulteurs de la région, avec lesquels se créent assez vite des liens d'amitié, et ils sont heureux de partager avec les autres élèves leurs années d'expérience.

Je trouve un petit studio dans la partie touristique d'Hyères près de l'hippodrome – j'apprendrai plus tard que c'était un point de ralliement de la mafia toulonnaise, la bande du Macama, tristement célèbre pour avoir descendu froidement une femme politique.

Je le loue pour l'année. Je dors sur un lit surélevé d'où je regarde parfois s'ébattre les chevaux. La nuit, la galerie marchande de l'immeuble est déserte, parfois j'entends un effleurement, des gens qui chuchotent…

Chaque soir, je dîne d'une ratatouille, je prépare du riz ou des pâtes et je révise mes leçons… II y a les cours de viticulture, où j'apprends tout ce qui concerne la plante, et la partie œnologique, je fais revivre mes connaissances en chimie.

Nos professeurs sont tous amoureux de la vigne et du vin, le professeur principal est un vrai pédagogue qui nous transmet son savoir d'une manière rationnelle et intelligente.

L'année passe, je suis enfin devenue une bonne élève et sans m'en rendre compte, grâce aux acquis du cours, je rentre peu à peu dans le monde profondément vivant et fascinant de la viticulture.

La partie œnologique nous renvoie à la chimie, et nous étudions tous les détails de la transformation du jus de raisin en vin et tout le processus semé d'embûches que je retrouverai chaque fois de manière un peu différente au fil des années.

L'examen de « taille de la vigne » est très important pour la suite, il me faudra plusieurs jours pour m'exercer ; je comprends que ce n'est pas si simple car chaque pied de vigne a son propre mécanisme que l'on doit assimiler avant de porter le sécateur sur le rameau. Dois-je tailler le rameau plus court ? Dois-je laisser un bourgeon de plus ou de moins sur ce courson ?

La partie géologique me passionne et me permet d'apprendre comment choisir les vignes et les porte-greffes selon divers paramètres, dont les quantités de calcaire actif ou la granulométrie des sols. À la Calisse nous avions une multitude de microterroirs et j'ai donc approfondi les analyses géologiques avant de planter les vignes en fonction de ces terroirs.

L'examen final se passe bien, j'obtiens mon diplôme que j'encadre et installe fièrement dans mon bureau.

En sortant de cette première année d'étude, j'ai compris la complexité du travail qui m'attend, mais grâce à ces connaissances et au réseau d'amis que je me suis fait dans le milieu du vin, je peux éviter les erreurs que certains payent parfois très cher.

De retour à la Calisse je me mets en tête de préparer les sols selon les éléments étudiés, j'organise un programme de drainage des parcelles et je réalise peu à peu que mon terroir est en définitive un terroir apte à faire de grands vins.

Mon professeur est grand et porte souvent des chemises à carreaux, il a des cheveux épais, blonds, droits et courts. Il dirige les cours de la section œnologie du lycée agricole d'Hyères. Il est d'une gentillesse rare et on sent que son métier repose avant tout sur la joie d'enseigner et de transmettre. Sa spécialité c'est la physiologie de la vigne : il nous entraîne à travers les âges à la découverte des cépages, leurs origines, leurs différences. Il est toujours prêt à discuter après la fin du cours et il aime raconter des anecdotes sur tel ou tel pied de vigne en Provence, qui a telle ou telle qualité.

Le choix du cépage est très important. Aussi nous annonce-t-il un soir de novembre qu'il a organisé pour nous une visite à l'ENTAV au Grau-du-Roi, le lieu de multiplication des plants et, en quelque sorte, le conservatoire de la vigne et des cépages.

– Nous dormirons dans un petit hôtel dans les remparts d'Aigues-Mortes, le plus beau village fortifié de la région.

Nous partons dans le bus un peu brinquebalant, les fauteuils en simili-cuir sont usés et à chaque tournant il penche d'un côté ou de l'autre. J'ai l'impression d'avoir 12 ans et de partir en colonie de vacances. Nous chantons dans le bus, et nous avons créé un groupe de filles que l'on a baptisé nous-mêmes « Les Tordeuses de la grappe », ce nuisible bien connu de la vigne.

André s'amuse de notre groupe : nous sommes très sérieux pendant les cours mais il nous arrive de chahuter un peu et ça lui plaît.

Il y a Serge, viticulteur du centre du Var, qui m'a autorisée à m'exercer chez lui pour la taille. Il ne m'en a pas voulu plus tard car je crois que quelques-uns de ses plants ont mis plusieurs années à se remettre de mes coupes de sécateur un peu hésitantes.

Mais aussi Dominique qui est le plus âgé du groupe :

il a décidé de se reconvertir après trente ans de cuisine dans un restaurant de Toulon en face du port. Il dit qu'il connaît tous les marins du port et qu'il a même été invité à une grande réception sur le bateau-école de la *Jeanne-d'Arc*. Il connaît des dizaines d'histoires d'amour de marins, qu'il nous raconte parfois dans le détail, avec son accent chantant. Il a hérité d'un petit lopin de vignes à Taradeau et veut retourner sur les terres de son enfance. C'est son rêve depuis toujours.

Ou encore Hélène. Son mari vient de racheter un vignoble, il est marchand de pneus dans la région, elle a de grands cheveux blonds qu'elle noue au-dessus de la tête comme un palmier.

Tous veulent apprendre, avec une seule idée en tête : parvenir à faire de grands vins.

– Hissez haut, Isseo… Santiano…

Nous arrivons joyeusement à Aigues-Mortes, un guide emmène le groupe visiter les remparts et la tour de Constance érigée par Saint Louis en 1242. Du haut de celle-ci j'aperçois les marais des Salins du Midi mais je ne sais pas encore à cet instant que je bâtirai une cave ici près de trente ans plus tard.

J'imagine Saint Louis et les croisés ce 12 juillet 1252 lorsqu'ils s'élancent vers les navires.

Nous visitons l'ENTAV, et André nous explique, pour chaque plant, leurs principales qualités, leurs faiblesses.

Le soir dans ma chambre, je programme déjà les futurs cépages, que je choisis en fonction du terroir pour la Calisse.

Un mois plus tard, mon professeur viendra passer une

journée avec moi à la Calisse pour m'aider à comprendre l'importance de ces choix et me prodiguer ses conseils sur le site ! Il a formé des dizaines de viticulteurs pendant quarante ans, il sait tout de ces terroirs de Provence.

Je n'oublierai jamais son aide, son intelligence, et sa science au service du concret.

Nous repartons dans le bus après une dégustation des vins locaux en chantant quelques chansons un peu grivoises mais gentilles, dont André finalement connaît bien l'air et les paroles, lui qui est si heureux de se retrouver avec le groupe des Tordeuses de la grappe et de chanter le « Coupo santo » de Frédéric Mistral, l'hymne de la Provence !

Vingt-huit ans plus tard, j'ai compris en revenant à Aigues-Mortes que mon échange avec la nature m'avait apporté quelque chose de précieux qui avait été initié avec notre père dans notre enfance puis développé avec ce professeur génial.

12.

Le Savoir secret

Réception des élèves des lycées de la région avec leurs professeurs. L'occasion de refaire un point sur ce que j'avais essayé de mettre en œuvre. Ce ne sera pas seulement un livre qui éduque sur la connaissance du vin.

La vigne est une part intégrante de notre être, de notre histoire, de notre culture et de ce que nous sommes intrinsèquement.

Faire un vin, c'est un travail de longue haleine qui nécessite que l'on prenne des décisions en écoutant aussi nos intuitions selon notre être profond, qui n'ont pas seulement à voir avec des préceptes mais qui sont liées à notre histoire.

En créant la vigne, Dionysos nous transmet un symbole d'amour, son amour pour Ampélos. J'ai été happée par la vigne sans m'en rendre compte : cet amour et ce lien magique m'ont donné les ailes du bonheur de vivre.

C'est cela le secret de la vigne.

J'ai effacé de ma mémoire les périodes de doute et de difficulté, lors de mes débuts, lorsque je courais, je me donnais complètement pour essayer de trouver la voie :

Comment faire un vin qui sera une réussite ?

Je crois qui si je devais établir un compte de pénibilité, j'aurais dépassé le nombre de points possibles.

– Mais c'est impossible autrement, dis-je souvent à mes visiteurs, la nature ne nous donne les clés de sa connaissance que lorsqu'elle reçoit beaucoup de nous-mêmes.

Son amour est intransigeant, ne pardonne rien, exige tout. En échange, elle peut vous donner le paradis sur terre. C'est cela qu'il faut comprendre du métier de vigneron, c'est pourquoi nous sommes emportés dans un échange dévorant.

Ces écrits me permettent de prendre du recul sur ce que j'ai vécu car parfois je me demande comment j'ai pu me faire posséder corps et âme si fortement par ma vigne.

Un jour, je reçois une demande de visite d'un groupe d'élèves qui veulent connaître les secrets du métier de vigneron...

Lorsque la proviseure du Lycée agricole de Saint Maximin m'appelle, il est vrai que nous sommes dans un jour très chargé.

– Accepteriez-vous de nous recevoir avec nos élèves de bac Vigne et vin pour une visite du vignoble ?

Laurent me passe le téléphone :

– J'ai beaucoup entendu parler de vous et j'aimerais vous amener deux classes, en tout une quarantaine d'élèves pendant une après-midi afin qu'ils comprennent le métier de vigneron.

– Oui, d'accord pour vendredi 23 octobre après-midi.

– Merci beaucoup, nous viendrons avec le professeur d'œnologie.

– Parfait, merci.

Je raccroche, je regarde Laurent dans le bureau.

– Zut, il va falloir s'en occuper ! Mais comment faire pour leur expliquer mon métier en si peu de temps.

Le 23, à 15 heures, je vois pointer en bas de l'allée de platanes le bus qui s'approche.

Il faut que je finisse des mouvements de cuves dans la cave, les fermentations malolactiques ont du mal à démarrer, il faut chauffer les cuves. Les barriques de blanc ont pris trop de bois, il faut les ouiller et arrêter les bâtonnages.

Que vais-je donc leur raconter ?

Une quarantaine d'élèves sortent du bus en chahutant. La proviseure se présente et tente de les calmer. Pour eux, c'est un peu comme une sortie ludique, ça risque d'être compliqué. Je les emmène devant la bastide face aux vignes et, plutôt que de parler et d'expliquer, je les interroge sur ce qui fait qu'ils ont choisi cette voie.

Je les questionne un à un et, en fonction de leur réponse, je raconte une anecdote liée au vin.

– Moi c'est mon grand-père qui avait des vignes et qui m'emmenait lorsque j'étais petit.

– De quoi te souviens-tu ?

– Il faisait l'ébourgeonnage et m'expliquait qu'il fallait bien choisir les rameaux qu'on retire pour équilibrer la vigne.

– Tiens tiens, et pourquoi fallait-il équilibrer la vigne ? C'est comme l'homme qui boit, mange, travaille et se couche, il a besoin d'un équilibre et parfois il cherche de l'aide pour trouver le chemin.

– En quelque sorte nous reproduisons dans la vigne ce que l'homme fait dans la vie.

Les yeux s'écarquillent, il y a de moins en moins de chahut.

– Moi c'est mon oncle sommelier qui m'a appris à déguster !

Je les autorise à tremper les lèvres pour découvrir les parfums, chacun donne une note aux vins que nous dégustons.

Puis ils me suivent dans le chai à barrique, ils penchent tour à tour leur oreille vers la bonde d'où le murmure des levures jaillit.

Les levures sont comme nous, elles ont froid ou chaud, elles sont plus heureuses dans cette barrique-là car leur chant est plus continu, plus léger ! L'entendez-vous ? Je les fais nager dans le jus de raisin et dès que j'entends qu'elles s'épanouissent, je m'arrête. L'objectif pour faire un grand vin est de faire en sorte qu'il y ait du bonheur : celui des vignes qui donnera de meilleurs fruits si elle est dans un bon terroir avec un bel équilibre des sarments comme faisait ton grand-père, et avec un ensemble de détails qui feront que les choses se passent bien. La fermentation doit être maintenue lente et à bonne température, sinon les levures s'affolent et le moût se met à chauffer, les arômes disparaissent.

Dans le silence du chai à barriques je les conduis sur mes pas en les convainquant qu'ils sont sur la voie qui va les amener à la réussite.

– Oui mais m'dame, s'exclame José, qui nous dit qu'on va pouvoir faire mieux que les autres ? Vous, vous avez eu de la chance !

– Je n'ai pas eu de la chance, j'ai eu de la volonté. La nature ne fait pas réussir celui qui a de la chance, mais celui qui a la modestie de la suivre. C'est au fil des ans que tu sauras quelle est la bonne décision à prendre dans le terroir, si tu t'appliques à essayer de le comprendre.

Je me tourne vers le professeur d'œnologie :

– Monsieur le professeur, pouvez-vous me dire quel est le dernier cours que vous avez enseigné ?

– C'était à propos de la transformation des sucres en alcool avec les équations…

– C'est parfait, il faut comprendre ce qu'il se passe scientifiquement car la science n'est pas une fin mais un ensemble de moyens pour avancer vers un but. Pasteur nous a aidés à comprendre que cette transformation se faisait par les levures et grâce à lui on peut aller vers la perfection car on comprend les phénomènes chimiques. Maintenant, José, peux-tu essayer de chercher en toi ce qui t'intéresse le plus dans le vin ?

– C'étaient les vignes en Espagne et nous adorions manger le raisin.

– Tu as donc déjà créé un lien avec la vigne qui t'a nourri dans ton village natal.

– Oui, m'dame, et j'aimais par-dessus tout le goût des jus de raisin frais.

– Voilà tu as dit ce qu'il fallait, c'est ce goût-là que tu vas maintenant rechercher lorsque tu seras vigneron, car les arômes de ce jus vont se développer avec le travail des levures.

– Moi, on m'a dit à l'école qu'il fallait écimer les vignes, et ici vous ne l'avez pas fait, pourquoi ? dit un jeune garçon à l'allure un peu rebelle.

– Il faut maintenant oublier un peu tout ce que vous avez appris à l'école pour mieux trouver la voie. Oui, il faut écimer la vigne mais l'année de canicule dans laquelle nous sommes fait que nous avons diminué les écimages pour créer une ombre aux grappes qui se seraient desséchées en plein soleil. L'année dernière qui était plus humide, nous avons fait l'inverse, écimer plusieurs fois pour éviter la pourriture des raisins. Ce métier est une école d'adaptation : quand j'ai démarré, je me suis dit que c'était facile puisque j'avais été sage, j'avais appris mes leçons à l'école d'œnologie. La nature vous en demandera beaucoup plus, elle vous ordonnera de la suivre à chaque instant, d'être attentive à ses souffrances, mais en échange elle vous rendra un immense amour car elle vous guidera vers le « savoir secret ».

– Le savoir secret ? disent les élèves tous ensemble !

– Oui, celui qui, au fil des ans que vous aurez passés à explorer ses mystères, fera que la nature vous guidera sans encombre vers les bons choix. Mais avant cela la vigne va imposer de nombreuses restrictions : par exemple, vous n'irez pas au cinéma car il faudra ce jour-là assembler deux vins ou faire un bâtonnage, le lendemain il sera trop tard, les levures seront trop ralenties.

– Ah ! et ça servira à quoi de se donner tout ce mal ? dit Martin qui aime bien mettre les rieurs de son côté.

– Cela te révélera le secret du savoir, la clé de la nature en quelque sorte, c'est quelque chose que je ne peux pas décrire car tu rentreras dans un échange intense qui t'apportera une joie profonde. En accompagnant la vigne, tu auras l'impression d'avoir trouvé le chemin du bonheur infini, car elle te comblera en retour. Un dimanche, alors que je suis dans ma cave, en pleines vendanges et que mille problèmes et inquiétudes me submergent, je reçois un message d'un des plus grands sommeliers, Jean-Luc ; j'entends sa voix chaude : « Ton vin est sorti numéro un à la dégustation des rouges d'automne, je te félicite, quel équilibre, quelle finesse ! » Un grand rayon d'espoir m'envahit car je comprends que mes années de travail ont forgé cette clé du savoir secret, l'échange que j'ai avec la nature tout au long de l'année me permet d'atteindre l'ivresse des sommets, de la plénitude, de l'équilibre. Pour y arriver, il faut y croire et créer à partir des indices donnés par la nature et aussi avec l'aide de ce qui t'a façonné : toi par exemple, José, c'est le goût du raisin dans le pays de ton enfance ; toi..., c'est l'exploration de la vigne au moment de l'ébourgeonnage. Ces choses qui sont en nous nous permettent de comprendre mieux la nature. Mais c'est aussi notre capacité à regarder, sentir et comprendre en oubliant notre narcissisme ou notre autosatisfaction.

Les enfants se tournent vers le professeur d'œnologie qui s'est mis à soutenir aussi mes propos.

– Ce que vous avez appris avec moi est une base, mais vous devrez parfois prendre des décisions qui iront à l'inverse de ce que vous aurez appris en fonction des évènements.

– C'est ce qui fait que ce métier est si difficile, il y a des choses qu'on ne peut maîtriser, mais le savoir-faire ou la connaissance du métier nous permet de rectifier ou d'arranger les choses. Ce n'est que lorsque vous aurez trouvé le chemin qui vous mènera à la clé du savoir secret que les portes s'ouvriront.

– Que trouvera-t-on alors ? dit Martin.

– Vous aurez l'impression d'avoir accès à la connaissance du monde, plus rien ne vous paraîtra triste et morne, la nature vous aura permis d'être pleinement vous-même. Mais avant cela, dis-je pour les remettre dans le réel, il faudra travailler très dur. Êtes-vous prêt à monter dans le vaisseau qui vous conduira vers le « Savoir secret » ?

– Oui ! disent en chœur les enfants joyeux, et même les professeurs.

Il fait déjà nuit lorsque la proviseure fait le signe du

départ, les enfants me posent de nombreuses questions, ils m'interrogent encore sur le « Savoir secret ».

Les voilà tous dans le bus, ils me crient « merci », Martin me dit qu'il a adoré le cours.

– Le cours, je lui réponds, quel cours ? N'oublie pas que pour trouver la clé, il faut d'abord chercher ce qui est en toi. La vigne ne veut pas que tu appliques un cours, elle attend que tu te dépasses.

Je vois toutes les mains qui me saluent du bus. Je retourne vite vers mes barriques qui m'attendent.

Quelques jours plus tard, je reçois une grande enveloppe de la directrice qui me remercie pour la visite du vignoble et m'exprime combien les élèves ont été heureux de cette découverte. Il y a plusieurs pages qui contiennent des mots de ce qu'ils ont retenu de la visite, et sur la première page un titre en lettres majuscules : LA CALISSE DE PROUST. MERCI !

Cela me rend très heureuse et j'ai le sentiment d'avoir transmis quelque chose de différent.

Plusieurs années plus tard, j'ai appris que certains élèves avaient dit que cette visite les avait confortés dans leur choix et qu'ils avaient réussi dans l'un ou l'autre domaine. Certains d'entre eux, croisés par la suite, m'ont dit : « C'est grâce à vous que j'ai choisi ce métier », et certains sont devenus de grands vinificateurs.

Je repense souvent à ces mots simples qui les ont intéressés :

– La clé du « Savoir secret »... pour atteindre le mystère du monde.

Et je me revois perchée sur mon arbre à neuf ans en quête de ce savoir...

13.

La vigne qui vit

Qu'est-ce que la vigne ?
Pérennité ou reproduction, le dilemme de la vigne.
La recherche de l'équilibre.

C'est une plante programmée pour vivre, comme les hommes. Elle traverse sa jeunesse, respire, fleurit, se reproduit, puis meurt. Elle puise sa force dans le soleil, la terre et l'eau. Ses racines descendent profondément dans le sol pour y trouver les éléments nutritifs dont elle a besoin.

Au printemps, la végétation démarre, les bourgeons apparaissent, c'est le débourrement, ils contiennent les grappes qui ont été formées l'année précédente. Les rameaux se développent, ils poussent grâce à la photosynthèse, puis survient la floraison, le moment clé de la phase végétative. La fleur s'ouvre, le pollen est transporté par le vent et rejoint le pistil. C'est la fécondation, c'est un moment de grande fragilité. Les pétales de la fleur sont sensibles aux maladies, une agression est mal supportée par la vigne pendant cette période. C'est comme si elle se concentrait sur l'acte principal de son cycle : la reproduction.

– La fleur c'est l'acte d'amour de la nature, dis-je souvent à mes clients qui me regardent un peu surpris.

– D'amour ?

Ils veulent plus d'explications.

– Oui, car elle donne tout d'elle-même, pendant cette période.

Sa sève change de direction, sa respiration est modifiée, sa mission alors devient celle de s'offrir, pour faire naître ses futurs fruits. La fleur, c'est l'amour qu'elle nous prodigue, et qui annonce la vendange. Elle se prépare en même temps à corriger les éventuelles anomalies qu'elle rencontrera.

Je suis très attentive, car si je ne perçois pas ses réactions et que quelque chose va dans la mauvaise direction, la qualité des raisins sera affectée.

Si je vois qu'elle continue à faire croître sa végétation, par exemple, parce qu'elle a suffisamment d'eau, je prévois alors d'écimer plus tôt les pointes des rameaux afin de diriger la sève vers les grappes qui ont besoin d'énergie pour la formation des grains.

En revanche si j'écime trop tôt une année normale, elle va multiplier par réaction ses rameaux et la floraison aura du mal à se réaliser.

La vigne passe dans une deuxième phase et son rôle devient celui de s'occuper de ses enfants… qui sont ses raisins. Elle a en principe accumulé suffisamment de sucres pour ses réserves, car elle doit aussi assurer sa survie et conserver de l'amidon dans ses racines pour redémarrer l'année suivante. Va-t-elle plus ou mieux travailler pour sa pérennité ou pour sa reproduction ? C'est le principal dilemme auquel elle est confrontée. Si l'équilibre n'est pas parfait, l'un prenant le dessus sur l'autre, ni l'une ni l'autre ne sera satisfaisante.

Si elle a décidé d'accumuler trop de réserves, elle fera de petits fruits qui n'atteindront pas la bonne maturité.

Dans le cas contraire, elle produira trop de raisins qui

seront peu qualitatifs. Plusieurs facteurs entrent alors en jeu. Que perçoit-elle ?

– Tout, dis-je souvent à mes clients, qui la regardent le plus souvent comme objet de décoration du paysage avec feuilles l'été et nue l'hiver. Si elle est agressée pendant la floraison, par exemple par le vent qui casse quelques rameaux, elle développera des grappillons, des fruits de secours qui sont les remplaçants de ceux qui ont été arrachés. Et dans ce cas, les grappillons vont extraire les sucres qui étaient prévus initialement pour les bonnes grappes.

Mais les grappillons ne donnent jamais de grands vins, car ils sont programmés pour contenir beaucoup d'acidité, ce qui leur garantit une plus longue pérennité.

La nature est bien faite, les grappes de secours sont plus résistantes... mais moins qualitatives. Le but premier est d'assurer la reproduction.

– Ce qui est le plus important c'est l'équilibre, disait André, mon professeur d'œnologie.

N'est-ce pas finalement la même chose pour l'homme ?

La vigne perçoit et ressent les ruptures du climat, elle réagit en conséquence. En fait, elle se programme pour faire face à tous les cas de figure. Elle a pour objectif de survivre, sans se plaindre, elle accomplit sa tâche. Elle n'abandonne jamais, elle a des réactions que j'anticipe en fonction des aléas climatiques et que je m'efforce de l'aider à atténuer. Elle est guidée par sa force, qu'elle puise dans les éléments. Savoir l'observer, c'est vivre avec elle.

Elle ne se cache pas, ne me trahit pas, elle me donne des indications, que j'interprète. Elle me dirige et m'oriente vers la voie à suivre.

Je me rappelle ce milliardaire anglais qui m'avait rendu visite au domaine.

– Je viens d'acheter un vignoble, en Provence, me révèle-t-il. J'aimerais faire des vins, un peu comme vous.

Je décide de l'emmener faire quelques pas dans les vignes. Il tient par la main une jeune femme brune, italienne, très élégante, qui repousse ses cheveux dans un geste mécanique d'un côté puis de l'autre.

– Allons voir ensemble par quoi tout cela commence, lui dis-je.

La parcelle vient d'être labourée entre les rangs, ce qui fait ressortir les nuances contrastées, allant du brun au rouge puis au blanc, des différentes terres nues. Je sens l'odeur qui s'en échappe, végétale, métallique, boisée. La vigne me présente ses plus beaux atours comme pour me remercier de lui être fidèle. Ses feuilles nervurées sont brillantes dans leur transparence.

– Je n'ai pas de bottes, crie le milliardaire, j'ai gardé mes chaussures de bateau, nous arrivons d'un magnifique voyage sur mon yacht dans les îles grecques.

La jeune fille brune porte des escarpins vernis noirs à talons et une robe blanche à fines dentelles.

– Ah ! c'est sale, dit-elle, prenant un air de répulsion et restant en retrait sur le gazon qui borde la parcelle.

– Sale ? Ma terre ? Mon terroir ?

Je me retiens de ne pas les raccompagner brutalement vers leur voiture, une décapotable rutilante.

– Combien doit-on payer si on vous demande de nous aider à faire du vin ? dit le milliardaire.

Je m'approche avec lui des vignes, je tente de lui expliquer à quel point la plante est fragile, combien il est essentiel de la suivre, de s'en occuper, de s'en inquiéter.

– C'est un art, cela n'a pas de prix, cela ne peut pas être acheté, il faut d'abord y mettre son cœur, son âme…

Il me regarde comme une personne d'un autre monde. Une chose peut toujours se monnayer pour lui.

– Je peux vous proposer un bon arrangement, tente-t-il en dernier recours.

Je lui suggère de bien profiter de la Grèce et de ne pas se lancer dans un métier qui pourrait l'emmener rapidement à la ruine, car les nombreux pseudo-conseillers qu'il me cite sont connus pour être plus préoccupés par leur propre enrichissement que par la réalisation de grands vins.

Il tient la jeune femme par la main, ils restent sur le bord de la parcelle.

– Quelle est la marque de vos bottes ? me dit-il. Elles ont l'air confortables, moi je n'en trouve pas d'aussi élégantes.

Je lui réponds en riant que peu importe la marque, ce qui compte c'est celui qui les porte.

Je les regarde de loin partir à vive allure en descendant le chemin du domaine vers la route départementale. Les grands cheveux bruns de la jeune fille virevoltent et se mêlent aux poussières des terres de la Calisse. Ils ralentissent, le toit de leur voiture décapotable se referme puis ils disparaissent.

Sans le savoir, ils emportent quelques éléments des dolomies calcaires du jurassique dans lesquelles mes syrahs se développent si bien.

« C'est ma terre », me dis-je.

J'apprends par la suite que le milliardaire a revendu son vignoble après avoir tenté différentes méthodes de vinification qui n'ont pas été concluantes… sur les conseils d'un consultant bordelais très prisé.

L'histoire ne dit pas quelle marque de bottes il lui avait conseillée.

Je les reçois quelques années plus tard, car ils sont restés de fidèles clients.

– Vous aviez raison, la vigne, ce n'était pas pour moi, je voulais tellement avoir une étiquette avec mon nom et un château. J'ai acheté un nouveau yacht, m'annonce-t-il, je viens chercher quelques jéroboams de rosé pour fêter ça.

J'avais deviné qu'il n'était pas ici pour commander des bouteilles de 50 cl !

– Merci de m'en faire livrer une dizaine de caisses, au quai du port Canto, à Cannes !

14.

Observer la vigne

Découverte de l'ampélographie par une famille d'accros à internet. Comment est-on arrivé en si peu de temps à construire un monde où les adolescents ne savent plus observer ni apprendre, sinon sur un écran ?

C'est une plante pérenne qui fait partie de la famille des lianes. C'est une liane.

Elle peut pousser et s'accrocher aux éléments qu'elle rencontre grâce à ses vrilles. Nous la maintenons en la taillant et l'empêchons de se développer sur une trop grande longueur. Ses racines peuvent descendre jusqu'à 12 mètres de profondeur.

Elle produit des fruits : les raisins.

Ces raisins peuvent être blancs ou noirs, c'est-à-dire à la peau blanche ou noire, car la chair du raisin est toujours blanche, sauf dans le cas des cépages « teinturiers », qui ont une chair rouge, mais qui sont interdits aujourd'hui car peu qualitatifs.

La vigne est une plante qui vit ; elle élabore sa sève grâce à la photosynthèse – du grec *phos*, lumière, et *synthesis*, combinaison.

La vigne, comme tous les êtres vivants, a besoin de lumière pour vivre.

Elle poussait déjà il y a plus d'un million d'années sous forme de liane sauvage, et il est prouvé que l'homme du néolithique a connu la vigne et le vin. Elle est cultivée à Babylone dès 2000 av. J.-C., puis se développe dans le pourtour méditerranéen, dans le sud de la France, l'Italie et l'Espagne. En Provence, elle a été introduite et cultivée par les Romains.

Depuis que je vis avec la vigne, notre relation l'une envers l'autre s'est renforcée au fil du temps et de mes observations.

C'est parce que j'ai arpenté mes terres maintes fois que je sais maintenant reconnaître ses faiblesses, en voyant la forme que prennent ses feuilles qui sont découpées différemment pour chaque cépage. C'est ce qu'on appelle l'ampélographie.

Je me souviens de ces locataires d'une petite maison du domaine, en vacances.

– Bonjour, madame, nous arrivons de Paris, la route a été longue.

– Bienvenue à la Calisse.

J'apprends après quelques échanges polis que la mère de deux jeunes garçons est professeur de français dans un collège réputé.

Ils s'installent dans la maison puis m'appellent quelques minutes plus tard pour me demander le code du Wifi. Je leur explique que le réseau est faible, car nous sommes en zone blanche. Leurs visages se décomposent et ils repartent inquiets vers leurs ordinateurs.

Plusieurs jours plus tard, alors que j'ai remarqué qu'ils sont constamment enfermés par de si belles journées d'été, je frappe à leur porte.

– Tout va bien, avez-vous besoin de quelque chose ?

– Oui, merci, le réseau est faible, mais nous arrivons à travailler, dit la mère de famille.

– Avez-vous vu les vignes ? C'est la période de la véraison.

Ils prennent un air interrogatif.

– Ah oui, on va regarder sur internet avec les enfants ce que c'est que la véraison.

Très étonnée, je réponds :

– Vous pouvez le voir devant la maison en vrai ! Si vous voulez, je vous propose de vous accompagner pour une visite du vignoble. Serez-vous disponibles vers 16 heures, la lumière sera belle ?

Je sens un enthousiasme mitigé.

Il fait très chaud, mais un petit vent léger fait danser les feuilles dans le paysage. Que vais-je leur dire en quelques minutes ? Il me vient alors l'idée de parler des feuilles, si belles dans leurs mouvements.

Je commence par leur montrer la différence de couleur entre les cépages.

– Ici, le vert scintillant des grenaches. Là, le vert gris des syrahs. Ou bien, le vert un peu jaune des rolles.

Je leur montre aussi la dissemblance entre les dentelures des feuilles. Ils s'extasient.

– Ah, nous ne savions pas qu'il y avait une différence !

Ils ne l'ont pas vue sur internet !

Emportée par leurs questions, je leur fais observer les grains qui changent de couleur à la véraison, puis le cheminement de la sève, ensuite je les emmène dans la cave et leur explique rapidement les vinifications dans la pénombre au milieu des cuves, puis dans le chai à barriques. Leurs yeux attentifs sont grand ouverts.

Ils sont sortis de leur caverne, ils ont passé quelques heures sans leur ordinateur, ils découvrent la nature vraie, ce qu'aucun lien ni aucun article de Wikipédia ne leur apprendront.

– C'est incroyable, tout ce que vous nous avez expliqué sur le vin, merci beaucoup.

– C'était passionnant ! dit la professeure.

Je les vois encore repartir vers la maison en emportant précieusement des feuilles des différents cépages.

– Nous allons les garder, me dit un des enfants, enchanté.

– Promettez-moi de regarder les grains qui mûrissent. Ils changent chaque jour d'aspect.

Ils se sont ensuite promenés dans les vignes, pour observer. Et ils m'ont avoué le jour de leur départ qu'ils n'avaient jamais fait un aussi merveilleux séjour. Le plus jeune m'a montré un cahier dans lequel il avait collé les feuilles des cépages à chaque page avec leur nom.

– Tu es devenu un véritable ampélographe, lui dis-je en souriant.

Il est allé quand même regarder la définition du mot sur internet – du grec *ampélos* : vigne.

Quel est donc ce monde où l'on enseigne aux enfants à ne rien observer ni apprendre, sinon sur un écran ?

15.

Les moines

Les moines nous rendent visite en autocar. Déjeuner sous les platanes. Anniversaire et remerciements. Rappel de quelques souvenirs.

La première cuvée de la « Vendange des moines » est prête, va-t-elle se vendre ?

Les premières bouteilles sont présentées dans un coffret en bois sur lequel est gravée la palme, symbole du monastère et du festival. Cette première cuvée de 1992 est la nouveauté de l'année dans la région : c'est une cuvée confidentielle, seulement 6 000 bouteilles, la cuvée des moines de Saint-Honorat.

Pas besoin de salons, le mystère autour du vin monastique est le meilleur argument commercial. Nombreux sont ceux qui veulent découvrir ce nectar, certains ont la certitude qu'en le goûtant ils gagneront un petit coin au paradis.

Ce que nous ne contredisons pas, bien sûr.

Les moines, pour remercier « la famille de la Calisse » de son aide, décident de faire leur unique sortie annuelle au domaine. Ils seront une trentaine, ils viendront en bus, et le père abbé sera présent.

C'est l'effervescence en ce dimanche de juin, il faut tout préparer pour les recevoir. Ils veulent visiter le vignoble et voir le domaine, ils s'arrêteront au retour sur leur route pour visiter l'abbaye de Thoronet.

J'organise un déjeuner sous les grands platanes devant la maison. Il fait très beau et chaud, Michel, mon ami traiteur, improvise un repas composé de salades et de tartes de légumes. Une longue table est dressée, recouverte d'une nappe blanche. Je pose quelques fleurs de vigne et de jeunes rameaux sur la table.

Les moines descendent du bus, ils sont vêtus de leurs habits monastiques, tunique blanche et tablier noir.

Nous sommes heureux de nous retrouver, nous évoquons les souvenirs du début de notre aventure commune.

– Tu te souviens, quand nous sommes partis acheter les cuves en Italie et que nous nous sommes fait arrêter par les gendarmes.

– Tu leur avais dit, nous sommes très en retard, j'emmène les moines qui m'accompagnent à une cérémonie religieuse très importante, à Gênes, et les gendarmes nous avaient escortés sur une partie du chemin à travers la ville.

C'était un mensonge pieux, nous en rions en nous rappelant ces bons souvenirs.

Je me rappelle aussi le jour où je les avais emmenés déjeuner chez mon ami Bruno. Il a un restaurant réputé dans la campagne sur la route de Nice. C'est un spécialiste de la truffe noire, il est bien en chair et sa verve accompagne ses plats en leur donnant une saveur particulière. Il est toujours jovial et joyeux, il est un des premiers à avoir choisi d'ajouter la Calisse à sa carte des vins.

– Voilà Patricia Ortelli et ses deux abbés ! avait-il scandé à travers la salle du restaurant.

Il nous avait servi plusieurs délicieux plats aux truffes,

les moines ouvraient de grands yeux qui disaient leur gourmandise en les dégustant.

– Au monastère, on ne mange pas aussi bien, précisaient-ils en chœur.

Chaque fois que je les accompagnais dans leurs expéditions pour un achat de matériel pour le vignoble ou la cave, je les invitais au restaurant. Ils acceptaient toujours avec joie mon invitation. Ils disaient que le père abbé leur avait donné l'autorisation de rentrer tard au monastère, exceptionnellement, car c'était pour le travail du vin.

Nous nous remémorons aussi, au cours du déjeuner sous les platanes, leur formation à l'œnologie.

Après avoir goûté leur vin de messe, j'ai compris qu'il était « piqué », et je leur ai proposé de venir avec moi pendant quelques jours au cours d'œnologie que j'avais suivi l'année précédente au Lycée agricole. Mon professeur, André, doit y faire son cours sur les maladies du vin[1].

Leur succès à leur arrivée au Lycée agricole est immense, les élèves et les professeurs sont heureux de partager la classe avec les moines, ils pensent que le fait de s'approcher d'eux pourrait leur faire pardonner leurs péchés !

– On n'aura pas besoin de se confesser, dit l'un d'eux, assis près de frère Marie.

Après quelques jours de cours, frère Isidore se dirige vers moi alors que nous sommes en récréation dans le jardin du lycée, avec un regard triste :

– En fait, je crois qu'on retrouve presque toutes ces maladies dans le vin de l'abbaye !

1. Cf. en annexe, *Maladies et défauts du vin*, p. 245.

C'est lui qui s'occupe du vin au monastère « avec les moyens du bord », comme il l'explique. Seulement un ou deux hectares de vignes à l'abandon, quelques vieux fûts usés qui transmettent les maladies d'une année sur l'autre, sans qu'il le sache.

Il semble déçu, il pensait bien faire et croyait que le vin était bon.

– Si tu me dis ce que tu viens de me dire, c'est que nous allons pouvoir faire des grands vins à l'abbaye ! Tu as compris qu'il ne suffisait pas de prier... Nous allons réorganiser la cave et tu vas participer à la création de la nouvelle cuvée des moines.

Ainsi a commencé la belle aventure du vin des moines de Saint-Honorat. Le père abbé a eu l'intelligence de croire en cette idée.

Il m'a montré une gravure originale dans sa salle à manger privée.

– Elle représente le monastère au VIe siècle, l'île est complantée de vignes.

– C'est un juste retour des choses...

Et il m'a fait confiance.

Les moines qui travaillent dans les vignes sont heureux de visiter un vignoble différent du leur, ils m'interrogent sur les choix d'encépagement et de plantation.

Après le déjeuner, ils se promènent dans les rangées de vignes pour comparer les raisins avec ceux de l'abbaye.

– Tes syrahs sont plus charnues, me dit frère Marie.

Je m'amuse en leur disant que si je m'appelais sœur Patricia, je n'aurais pas besoin de m'embêter à faire des salons, car l'image du monastère est un excellent argument de vente.

Soudain, en marchant en silence à côté du père abbé sur le chemin du mûrier qui domine le vignoble, je reste en arrêt devant les moines en habit blanc et noir dispersés dans le vignoble. Ils me font l'effet d'anges gardiens, c'est comme une image irréelle – trente moines comme une apparition, dans le vignoble.

Que me rappellent-ils ? Ah oui, je me souviens : les santons de la crèche provençale de mon enfance.

Autour de l'étable, ils sont disséminés dans le paysage, entourés de cyprès. Je viens de déguster le boudoir rose. Le petit Jésus me sourit, c'est mon plus beau Noël.

Le père abbé fait balancer sa grande croix en ivoire en me remerciant. Les moines nous quittent joyeux, certains me glissent à l'oreille :

– C'est tellement beau, la Calisse.

– Mais vous, vous avez la mer devant les vignes.

J'aperçois leurs mains, elles dépassent des fenêtres du bus et font des petits signes jusqu'en bas du chemin, puis disparaissent derrière les cyprès.

Et le soir, en regardant mes vignes depuis mon banc en bois sous les platanes, je revois l'image des rangs peuplés de moines en habit noir et blanc.

Les anciens du village sont décontenancés, le vieux Simon leur dit le lendemain qu'il a vu quelque chose la veille en allant s'occuper de ses quelques pieds de vigne dans un champ voisin de la Calisse.

– Il y avait des dizaines de moines dans les vignes !

Le plus ancien de tous l'a regardé avec mépris :

– Je t'avais dit de ne pas boire ce vin de la coopérative, imbécile, tu vois bien qu'il te fait du mal.

– Tu as peut-être raison, mais je t'assure, j'ai vu des moines, ils priaient dans les vignes.

Chacun se couche le soir avec le sentiment que quelque chose de grave leur a échappé. Pour vérifier, ils prennent un verre de vin de la coopérative, mais ils s'endorment, très rapidement assommés, sans voir les moines dans leurs rêves…

16.

Le lien de la vigne

« L'homme, c'est la joie du oui,
dans la tristesse du fini » (Paul Ricœur).

Ce lien qui m'unit à ma vigne est celui de la vie. Ce que je reçois d'elle me permet de lui trouver un sens.

Parfois quand j'arrive à me détacher des tâches qu'elle réclame, je reprends la lecture du roman que j'avais interrompue si je ne m'endors pas, épuisée par mes journées. Dans ces quelques hectares que je traverse jour après jour, je trouve la réponse à presque toutes les interrogations.

La vigne me transmet son rythme, son équilibre, sa quiétude. Dans l'échange qui s'est créé avec elle, je reçois le cadeau de la nature dans sa plus belle expression. En passant dans mes rangées, en respirant ses parfums de vétiver, cette plante aux odeurs végétales fraîches qui d'après la légende, puiserait la « force vitale » de la terre, j'ai l'impression de participer au sens des choses et du monde.

Je me rappelle un jour où je reçois mon comptable Alain. Nous travaillons tout l'après-midi, et avant qu'il ne reparte, en sortant devant la maison, je perçois en plein nez les parfums de la floraison.

– Ah ! Alain vous ne partirez pas sans avoir senti les parfums.

Il me regarde comme quelqu'un d'un peu bizarre.

– Venez avec moi et vous comprendrez, lui dis-je.

Il me suit, fait quelques pas dans la rangée de grenaches devant le caveau de dégustation. Je cueille plusieurs fleurs et lui tends le bouquet composé.

– Sentez-vous les parfums rafraîchissants de fleurs blanches ?

– Ah oui, dit-il en découvrant soudain ce monde si éloigné du sien, celui des chiffres.

Il respire de nouveau et se dirige vers sa voiture. Il tient dans sa main le bouquet de fleurs de vigne.

– Je ne savais pas que ça sentait si bon.

– Et ce sont ces mêmes arômes de sous-bois que vous retrouvez dans mes vins.

Il quitte la Calisse en emportant le bouquet, ses arômes parfument sa pensée.

Cette sensibilité particulière que j'ai développée et canalisée grâce à ce lien à la vigne et à mes heures passées aux assemblages de cépages, me donne le sentiment de détenir comme une sorte de pouvoir magique.

La vraie question, ce n'est pas l'infini, mais ce qui est devant nous et que nous ne voyons pas.

Mon terroir m'offre des réponses à cette question.

Il est bien là et je vis pleinement au rythme des jours et des saisons. Par ce lien, la peur du « fini » disparaît, et je redonne à ma vie une sensation de l'infini.

Chaque jour, je transforme aussi ce que je reçois. Par exemple, les paysages deviennent des tableaux vivants. Je retrouve les images de mon jardin extraordinaire, et lorsque je m'approche du grand chêne perché là-haut, dans la colline qui domine le vignoble, j'y associe des sentiments anciens qui revivent intensément au fond de moi. Je repense au papier des oiseaux de ma chambre qui me rappelle les contraintes de l'enfance. Bien travailler, apprendre ses leçons, être conforme.

Tout est présent en moi, de mes terroirs de l'éocène jusqu'à la grappe que je regarde descendre dans mon pressoir.

Chaque année m'apporte une aventure nouvelle que je dessine à travers mes vins. Telle année sera plus douce et les vins seront plus fins. D'autres années, il faudra chercher profondément pour trouver ce qui permettra de composer de manière totalement inattendue les plus grandes cuvées.

C'est bien en soi qu'il faut trouver la clé du secret que nous transmet la nature. Elle ne me trahit pas, ne ment pas, mais elle exige toujours le plus de moi-même que je lui apporte.

– Il n'y a pas de grands terroirs, il n'y a que de grands vignerons ! me disait souvent André, mon professeur d'œnologie.

Le juste prix à payer, c'est le don de soi puisque la nature, elle, nous offre tout. La vigne s'accroche à moi, ses vrilles me retiennent. Je plonge avec elle dans le sous-sol du jurassique et jaillis enlacée par ses rameaux.

Si je compte les kilomètres que j'ai parcourus dans les rangées de vigne à la Calisse, je crois que j'ai fait le tour du monde en marchant. Pourtant, j'ai bien l'impression de découvrir un Nouveau Monde chaque jour, car l'ensemble des choses que je discerne diffère en fonction de ce que je sens et vois.

La nature m'aide à l'interpréter, elle me donne les signes qui vont m'orienter dans mes décisions. Le bonheur que j'éprouve alors multiplie mes capacités de perception. Par exemple, si je suis fatiguée, je ne suis pas en état de déguster ou d'observer, et je me retranche dans des tâches administratives pour agir mécaniquement. Pour ressentir le monde, il faut être capable de sortir de soi pour s'ouvrir et rencontrer la nature, faire l'effort de bien la comprendre pour se détacher de soi.

Les millions de kilomètres à pied dans mon petit terroir valent bien plus que ceux que j'aurais faits en parcourant la terre entière.

Mes vignes me retiennent et me transmettent la richesse de leur langage. Je partage avec elles des moments de profonde communion.

Parfois je regarde les avions qui filent dans le ciel. Celui-ci doit partir vers l'Italie et celui-là vers l'Espagne… J'imagine les grandes plages que leurs passagers vont retrouver, les paysages. Ceux que j'ai devant moi sont bien plus beaux parce qu'ils me font vivre.

Cette alliance me permet d'exister. Il n'y a pas de temps à perdre, chaque seconde se récolte et se savoure. Le don de la nature à l'homme est la chose la plus intense. Son humilité, sa générosité, sa fidélité sont sans failles. Le cadeau qu'elle me fait en m'offrant ses plus beaux raisins en échange de mon écoute est un don d'amour. Quoi de plus noble ?

Je ne veux pas rater un seul instant de cet échange extraordinaire. Je me soumets à la vigne, pour recevoir en retour un trésor, celui d'être capable de comprendre et d'aimer le monde…

Lorsque je me retrouve à Paris pour un salon, je ne veux pas rater un instant pour aiguiser ma perception.

Je regarde vers le ciel pour observer les éventuels changements de temps, ou vers le haut des immeubles pour visualiser un détail architectural ou un moment de vie.

Un petit balcon en fer forgé sur lequel sont accrochés quelques géraniums, l'envie me revient d'y monter et d'essayer de percer le secret de la vieille dame qui vient de les arroser. J'analyse les détails de telle ou telle fenêtre qui me renvoie l'image de ceux qui vivent dans les appartements. Je me promène, je remplis mes poumons des odeurs du macadam qui se mêlent à celles des fleurs de marronniers.

Je passe le long du Louvre, dont l'accès dissimulé vers la Seine est maintenant interdit. Le fleuve continue à couler devant moi sans éprouver l'usure du temps et je me retrouve pour quelques secondes dans ma 2 CV jaune à l'époque de l'École du Louvre.

Je pense en même temps que quelques jours plus tard je rejoindrai les rameaux de mes vignes qui auront poussé de 10 centimètres.

Le travail de la nature se poursuit et son horloge me fait vivre dans le temps réel de l'évolution des éléments qui la façonnent jour après jour. C'est une cadence saine, on ne perd pas de temps, il faut la suivre pour ne pas perdre le fil, elle nous équilibre et nous rend plus forts.

Toutes les choses que je sens, la vigne m'a appris à les canaliser dans le rythme des saisons. Ce qui me lie à ma terre rend ma vie infinie. Je ressens à travers elle l'harmonie du monde…

17.

La main de l'homme

À côté de la nature il y a aussi la main de l'homme.
La première vendange et ses surprises.
Les premiers pas de la vinification.
Comment conserver ses convictions.

Dieu nous a donné le monde pour l'embellir et non pour s'y admirer.

Les premières œuvres de l'humanité se trouvent dans les grottes du paléolithique, de Chauvet ou Lascaux. Elles reproduisent des images dignes de peintres qui auraient été formés à l'École des beaux-arts.

Qui a dessiné ces tableaux majestueux d'animaux qui semblent vivants ?

La signature est le décalque de leurs mains, et on ne retrouve que peu de dessins représentant le corps de l'homme. Les mains négatives nous transmettent le message de la prise de conscience de l'homme, on le retrouve dans leurs mains. Ils se regardent entre eux, mais ne se voient pas, car leurs visages sont recouverts de poils et de cheveux. Ils ne peuvent pas les reproduire. Ils admirent leurs œuvres et contemplent leurs mains qui ont accompli ces œuvres.

C'est une main gauche dans la plupart des cas, dessinée par jet de peinture avec l'autre main, la droite, ce qui laisse apparaître sa forme lorsqu'elle se retire de la surface. Les hommes sont déjà droitiers à l'aurignacien, il y a plus de trente mille ans.

La main est la première partie de lui-même que l'homme regarde et dont il prend conscience. Elle représente son image lorsqu'il se découvre artiste. On retrouve les mêmes mains dans l'histoire du monde sans qu'il y ait de liens entre elles.

Je vois mes mains pendant les vendanges en triant ou en cueillant les raisins, comme les hommes du paléolithique qui dessinent sur les parois de la grotte. Ils admirent la nature et les animaux et les reproduisent.

En ramassant les raisins, mes mains aussi accomplissent une œuvre.

Enfin, la cave est construite ; la dalle de réception des raisins a été coulée hier. Les vendanges doivent avoir lieu dans quinze jours et les cuves seront installées la semaine prochaine. Tout va un peu vite, mais c'est le lot des chantiers.

Jean, l'œnologue qui m'a aidée lors de la mise en place du matériel chez les moines de Saint-Honorat, arrive, ses propos sont pessimistes.

– La maturité ne se fait plus, les raisins commencent à pourrir dans les domaines que je suis et conseille sur la côte, près de la mer.

Je ne suis pas très inquiète, la météo semble bonne et j'ai vu des baies très saines en me promenant ce matin.

Il visite la cave.

– Bon c'est bien, il faut prévoir cette année plus de barriques pour vinifier les blancs.

– Ah ! mais je ne veux pas faire un blanc trop boisé, je veux retrouver les arômes de mes raisins.

– Il faut aussi écrire et demander l'autorisation de sucrer, sinon on n'aura pas le degré !

Il se dirige vers sa voiture, j'emboîte ses pas :

– Moi je ne veux pas chaptaliser mes vins.

En effet certains vignerons se simplifient la vie en récoltant les raisins plus tôt pour réduire le risque de perte de récolte pendant les orages de la fin de l'été. C'est interdit en Provence sauf autorisation. Mais ce n'est pas le mode de culture privilégiant la qualité que j'ai choisi.

Je vois qu'il prend un air sombre et hésite en caressant sa barbe pour se donner un air pensif.

– Ce sera comme ça ou bien tu changeras d'œnologue !

Il monte dans le 4 x 4 avec un sourire narquois et je le vois filer à vive allure et disparaître à l'angle du domaine.

Il fait déjà nuit, je fais quelques pas dans la cave.

Il va falloir trouver quelqu'un d'autre, car il voudra m'imposer d'autres choix qui ne me conviendront pas, mais pas simple à la veille des vendanges !

Il me vient à l'idée d'appeler Paul, l'œnologue que j'ai eu au téléphone une fois, et qui a bonne réputation.

– Bonsoir Paul ! c'est Patricia. Pourriez-vous accepter d'être mon œnologue pour les vinifications et de faire les analyses pendant les fermentations ?

– C'est que je suis en tournée de vendanges, mais je peux passer ce soir tard vers 22 heures.

– Très bien, je vous attends.

Je perçois le bruit d'une voiture qui se gare alors que je me suis effondrée, à moitié endormie, sur le canapé du salon. Je regarde ma montre : 23 heures.

J'allume les lumières extérieures et je l'entends marcher sur le gravier.

– Je suis désolé d'être ici si tard.

– C'est vraiment gentil d'être venu si vite.

– Je suis en pleine tournée de vendanges, j'étais dans un domaine pas très loin de chez vous.

– Pensez-vous que vous pourrez m'ajouter à vos clients ?

– Je ne sais pas, j'ai de très grosses journées déjà.

Nous nous dirigeons vers la cave, j'allume les grandes lampes du plafond qui nous éblouissent brusquement.

Il examine, surpris.

– Où sont les cuves ?

– Ah ! elles sont dehors, venez voir.

Il regarde et observe, les cuves sont alignées sur des arceaux en bois, elles brillent dans la clarté de la lune.

– Vos cuves sont encore stockées dehors et vous vendangez dans quinze jours ?

– Oui, une équipe vient demain les mettre en place.

Il prend un air surpris. Je le fais entrer au salon. Il faut que j'arrive à le convaincre, car il a de nombreux clients.

– Vous pensez réellement que votre cave sera prête pour les vinifications ? Vous avez tout le matériel ?

J'énumère ce que j'ai commandé et qui sera livré dans la semaine.

– Il vous manque des choses.

Je sens qu'il va accepter.

– Attendez, je vais chercher une feuille pour noter.

Il me fait une liste :

– Une éprouvette de 50 centilitres, deux éprouvettes de 1 litre, un mustimètre, un réfractomètre, une pipette, une balance et trois seaux de 20 litres pour préparer les levures. Il vous manque aussi des raccords pour vos tuyaux.

Je note consciencieusement.

– Bon, je vais voir si je peux vous inclure dans ma tournée du mardi et du jeudi, cela vous conviendrait-il ?

Je me retiens de trop montrer ma joie.

– C'est vraiment gentil de m'accepter comme cliente à la dernière minute.

Je le raccompagne, il est minuit ; je regarde le reflet de la lune sur les cuves, je refais ma liste dans ma tête.

Le rêve est terminé, il va falloir s'y mettre réellement…

Je me glisse dans mes draps déjà froids pour la saison et je prends conscience du travail immense qui m'attend. Faire du vin, c'est avoir les pieds sur terre.

Le lendemain, j'appelle Jean.

– Tu m'as conseillé de changer d'œnologue si je n'obéissais pas… eh bien c'est fait. Merci beaucoup et à bientôt.

Il me demande pardon pour l'autre jour et me dit qu'il va passer.

– Non, c'est bon, je vais me débrouiller.

Et il me raccroche au nez.

Je pars vite avec ma liste chez le fournisseur de matériel.

– Deux éprouvettes, une pipette…

Quelques jours plus tard, les cuves sont placées dans la cave et Paul passe me voir.

– Quelles sortes de vins souhaitez-vous faire ?

– Des vins peu boisés, et je veux ramasser les raisins à maturité.

– Parfait, on va faire un plan.

Je me rends compte à cet instant du nombre de détails auxquels il faut penser. Mais ce n'est encore rien à côté de ce qui m'attend !

Paul va me conseiller pendant plus de vingt ans et il saura m'aider à trouver les solutions qui iront dans le sens des vins que j'ai décidé de faire… avec mes mains…

Un rosé très aromatique exprimant le terroir, et pour cela nous choisirons de macérer les jus très légèrement avec les peaux le temps suffisant pour éviter les oxydations.

Pour les blancs, même démarche avec pour les cuvées « étoiles » une fermentation légère en barriques de chêne neuves.

Pour les rouges, je souhaite garder les arômes du fruit et du terroir. Ce seront donc des macérations relativement courtes dans la cuve, avec des températures maîtrisées autour de 28 °.

Dans tous les cas une sélection parcellaire stricte qui s'échelonnera dans le temps afin d'obtenir une belle palette aromatique.

18.

Les vendanges

« Hâtez-vous lentement, et, sans perdre courage,
Vingt fois sur le métier remettez votre ouvrage,
Polissez-le sans cesse, et le repolissez,
Ajoutez quelquefois, et souvent effacez »
(Nicolas Boileau).

Enfin, comme chaque année, arrive cette heure tant attendue des vendanges.

Après de longs passages dans les rangées de vignes en goûtant les raisins, en observant les feuilles, je transmets au laboratoire de Paul quelques grains afin d'avoir la connaissance précise des paramètres de maturité.

– Les acidités sont bonnes, on peut démarrer, dis-je à mon équipe, qui guette depuis quelques jours le top de départ.

Le lendemain, à 7 heures, les vingt vendangeurs sont présents, seaux et sécateurs en main, ils attendent mes instructions.

Une petite pointe d'émotion m'envahit lors de mon discours donnant les conseils de cueillette.

– Surtout, n'écrasez pas le raisin en le prenant ! Et n'arrachez pas les feuilles, la vigne en a besoin pour continuer à constituer ses réserves avant l'hiver, grâce à la photosynthèse.

Ils me regardent, les yeux fixés sur moi, attentifs et interrogateurs.

– Doit-on ramasser les grappillons ?

– Jamais, ils apporteraient trop d'acidité. Nous commençons par les grenaches blancs.

Ils se dirigent un à un vers le tracteur, qu'ils suivent en procession, et semblent heureux de participer enfin à la cueillette du raisin.

Il y a là José, un voisin à la retraite, ancien ouvrier agricole. Il est petit, toujours habillé d'une chemise à carreaux et d'un pantalon gris.

– Je suis content de faire les vendanges, me dit-il, avec son accent espagnol. Je ne peux pas rester chez moi pendant cette période, je me sens inutile et triste. Je pensais que la retraite serait le bonheur, mais la vigne me manque.

Il y a aussi le vieux Monsieur Maurice qui habite une petite maison en pierre, de l'autre côté de la route départementale, et sait si bien réparer les restanques. Il a soixante-dix ans au moins, il connaît toute l'histoire du domaine. Il me raconte les anecdotes de la vie passionnée et parfois chaotique des anciens propriétaires.

– Jamais je n'aurais pensé que quelqu'un pourrait faire ce que vous avez fait ici, dit-il avec son accent provençal marqué.

Monsieur Maurice sait où sont tous les passages de grives du domaine, tous les coins à champignons, c'est un bon chasseur, avec lequel nous passons de bons moments l'hiver.

Ils ont tous suivi en m'espionnant les évolutions des travaux que j'ai entrepris depuis quelques années. Entraînés par les quelques âmes charitables opposées à ma présence sur « leurs terres », ils me regardaient de loin en se moquant et en ricanant.

– Elle change le sens des vignes, toute la terre va partir ! avaient-ils fait remarquer.

– Elle supprime des restanques, les vignes vont manquer d'eau !

– Elle fait un labour trop profond, la terre qui remonte ne sera pas bonne !

Ces refrains couraient jusqu'au village et me revenaient comme un boomerang.

Ce qu'ils ne savaient pas, c'est que j'avais étudié en détail toutes les solutions lors de mes cours d'œnologie et que j'avais moi-même vécu dans les labours et les champs de ma jeunesse, où j'avais pu m'imprégner de ce qu'il fallait faire.

Grâce à l'aide de mon professeur d'œnologie, j'avais choisi les plants en fonction des sols et des sous-sols.

– Elle est fada ! disaient les vieux du village, et, blottis derrière leurs volets, ils me regardaient passer comme une étrangère qui ne serait jamais des leurs.

Les choses avaient ensuite un peu évolué après quatre longues années de labeur. Aucune des catastrophes prédites par les anciens n'avait eu lieu. La terre était toujours bien accrochée, les drains que j'avais fait creuser en profondeur permettaient d'éviter les mouvements de terrain. Les vignes grandissaient, resplendissantes dans ce terroir qu'ils avaient rêvé de cultiver eux-mêmes.

Grâce à mon équipe et à mes vendangeurs qui participaient aux travaux chaque année, une forme d'aura s'était installée peu à peu au-dessus de moi et les anciens se calfeutraient derrière leurs volets, réduisant le ton et la vivacité de leurs critiques.

Certains voisins proches étaient même venus m'interroger pour s'informer de ces pratiques qu'ils ne comprenaient pas toujours.

Je me souviens qu'au tout début de mon aventure, j'étais allée leur rendre visite.

– Vous traitez avec ce produit, mais pouvez-vous me dire pourquoi ? avais-je interrogé un des viticulteurs voisins.

– Bah, je le fais depuis toujours et puis le commercial qui me vend tous les produits me le conseille.

Voilà la réponse que je récoltais de la part de certains vignerons.

Je m'installe derrière le tracteur, sur la remorque, afin de vérifier l'état de mes raisins. Je fais moi-même le tri en contrôlant l'arrivée des seaux qui sont versés dans des caisses nettoyées chaque soir.

Il y a là les amis marocains de Mohamed, qui resteront pendant de nombreuses années de fidèles vendangeurs de la Calisse. Il y a aussi Yassine, Hassan, Adam… Ils connaissent le travail de la terre et sont très respectueux, toujours à l'heure. Je les entends parler entre eux en berbère.

– Regardez ce raisin, c'est de l'or ! me dit Mohamed.

Il sait que la récolte est la chose la plus précieuse. Pour eux, c'est une richesse incroyable, alors que dans leurs pays les terres sont quelquefois arides et sèches.

– Quels beaux raisins ! disent-ils en chœur.

En triant soigneusement mes raisins, je peux aussi remarquer les différentes zones, celles où ils sont plus mûrs, ou bien les parties du vignoble qui donnent des raisins plus petits et d'autres où ils sont plus juteux.

Les grappes passent une à une dans mes mains et je vois la couleur des jus des quelques grains qui éclatent.

Les raisins plus petits et peu juteux seront mis dans une cuve de rouge avec d'autres qui le sont plus, afin de rééquilibrer l'ensemble.

Je goûte les grains, et je découvre ici des arômes de pêche et de pamplemousse, là des goûts de cassis et myrtilles, je repère avec précision les différents terroirs.

C'est comme si j'avais une palette de couleurs en main, je construis mon vin en fonction de ce que je vois sur mes mains.

Le soir avant de me coucher, je revis ces instants, je note ce que j'ai observé et j'ai hâte d'être au lendemain pour de nouvelles surprises. Je tombe, sans avoir besoin d'une berceuse, dans un sommeil profond, le dos courbaturé, et je regarde défiler les grappes dans mes pensées.

Combien de personnes dans ce monde ont conscience de ce que représente la récolte : une année de travail pour ce résultat tant attendu.

Je me remémore ces amis parisiens, que je revois parfois, et qui me semblent chaque année plus éloignés de la vie. Ils croient connaître l'univers entier et comprendre, expliquer, commenter, tout ce qui arrive sur notre planète.

– Je suis en train de faire un deal de plusieurs millions d'euros, m'annonce cet ami banquier.

Je remarque un tic nerveux au coin de ses lèvres.

« C'est de l'or, mes raisins ! Là se cache la vraie richesse du monde », ai-je envie de lui répondre.

Bannie à tout jamais, la machine à vendanger qui secoue la rangée et fait tomber dans un bac des raisins éclatés et abîmés : elle brusque les ceps et arrache des feuilles au passage. Lors de mes cours de viticulture, j'ai suivi un cursus sur cette incroyable machine et j'ai constaté de visu les dégâts qu'elle provoque, même bien réglée.

« Ma vigne ne sera pas maltraitée de la sorte », ai-je pensé.

– Oui, mais vous gagnez beaucoup de temps et d'argent, disait le vendeur de machines.

Je choisis de cueillir les raisins à 4 heures du matin. Les vendangeurs sont ravis de se dévisager entre eux avec leurs lampes frontales, qui forment un halo de lumière.

En marchant dans les rangées avec ma lampe, je me sens seule au monde, mais en fusion totale avec tout mon environnement.

Je me concentre et observe tout ce qui m'entoure. Parfois, au bord de l'épuisement, je repense à mes courses dans les Rocheuses et je revois le sourire d'Allan qui me dit :

– Tu peux y arriver…

Lorsque le soleil se lève, vers 7 heures, je distribue les tablettes de chocolat aux noisettes aux vendangeurs ; j'ai l'impression d'avoir participé à quelque chose de magique.

On commence tôt, car la fraîcheur du matin en septembre permet de ramasser des raisins froids, et leur évite les à-coups de température afin de conserver tous leurs arômes.

La course aux arômes continue ensuite dans la cave.

Les raisins arrivent sur le pressoir par gravité, je regarde les jus couler, je les goûte, ils varient chaque année, plus acides pour certains cépages, ou plus aromatiques, mais en restant conformes aux spécificités de mon terroir.

Voir, sentir, analyser, interpréter… et juger.

En fonction de la densité des jus qui s'écoulent, je choisis de presser plus ou moins, après avoir revu et jaugé les nombreux paramètres que j'ai en tête. Parfois, je retrouve, en fin de pressée, des arômes herbacés qui me rappellent ceux du blé de ma jeunesse, lorsque je sautais dans la remorque.

Je contrôle tout dans les moindres détails, une fausse manœuvre ou quelques minutes d'inattention peuvent entraîner une perte de qualité.

Les jus descendent dans une cuve, et lors du débourbage, le lendemain, je choisis de renvoyer plus ou moins d'éléments solides ou de les extraire, ils sont la nourriture des levures et pourraient, s'ils sont trop présents, gêner le bon déroulement des fermentations.

Penchant ma tête en avant vers l'intérieur de la cuve je vois défiler ma récolte.

Je me forme jour après jour en suivant les conseils de mon œnologue et en parcourant les bulletins d'analyse qui complètent les informations recueillies la veille.

Quelque temps avant la fin des vendanges, Paul arrive à la cave vers 22 heures, je commence à vraiment ressentir la fatigue. Il fait le tour des cuves en goûtant chacune et me dit :

– Il y a un problème sur la cuve deux, pas assez de sucre, le degré sera trop bas, il va falloir surveiller.

Je m'endors difficilement, l'interdiction de sucrer les cuves en Provence, à la différence des autres régions, me fait redouter que le vin ne soit invendable.

Mais, quelques jours plus tard, on remarque que les sucres au cours de la fermentation se sont concentrés dans les grains et ont été relargués ensuite. Les vinifications m'apprennent à relativiser, et à prendre le temps de réfléchir.

J'agis à chaque instant pour optimiser la qualité du vin, en gardant mon calme, je ne suis plus la jeune élève qui panique et craint de passer les examens. Je suis en communion totale avec mes cuves qui fermentent, je réchauffe les levures quand je sens qu'elles en ont besoin ou bien je les refroidis, si je trouve qu'elles vont trop vite.

Les années d'expérience me permettent de voir d'un coup d'œil tous les détails.

Un jour, Marc le caviste arrive en courant.

– Il y a une personne cachée dans les lavandes, un barbu à lunettes, il nous observe depuis une heure.

Je quitte la remorque et nous le rejoignons.

– Bonjour, monsieur, vous cherchez quelque chose ?

– Inspection du travail, M. Bertin, est-il possible de vous parler quelques instants ?

Zut, je crois que j'ai vu dans la nuit ce matin un nouveau que je ne connaissais pas.

Marc rejoint le bureau avec l'inspecteur, alors que je fais un crochet par le groupe des vendangeurs.

– Il y a un nouveau, on a oublié de vous le dire, il remplace Abdel.

Et évidemment, nous n'avons pas envoyé la déclaration d'embauche ! Je suis donc redressée et convoquée au tribunal quelques jours plus tard. Le travail des vendanges m'a fait oublier les obligations administratives. On ne m'y reprendra plus…

Je suis en communion totale avec la nature, je fais le tour de mes parcelles de vignes chaque jour et contrôle dans la cave mes cuves comme des nourrissons qu'il ne faut pas lâcher d'un instant. C'est comme si j'étais dans un autre univers, mais, en échangeant avec la nature, je sors du monde réel qui me semble étroit et mesquin. Le rythme de la nature m'insuffle mon propre rythme et m'oblige à le suivre. Grâce à cet échange, je ne suis plus dans une vie de désirs immédiats parfois absurdes. La nature m'oblige à penser et me maintient en alerte pour la suivre, en l'étudiant, elle me transmet une connaissance approfondie de moi-même, qui me permet de la comprendre. En m'impliquant totalement, ce que je reçois en retour est au quintuple. L'effort fourni est minime à côté de ce qu'il m'apporte. J'y trouve les éléments dont j'ai besoin pour créer, car c'est parce que je vais au bout de l'observation et de la compréhension qu'elle me livre ses secrets.

Quelle plus belle œuvre que celle qu'elle accomplit, et quelle joie de faire naître celle que je réalise ensuite grâce à elle !

Je m'imagine souvent comme la paysanne du tableau de *L'Angélus* de Millet, étudié à l'École du Louvre, courbée vers le sol dans la lumière du lever du soleil.

Mais je retombe sur la terre ferme lorsque je me présente un matin à la convocation du tribunal de Draguignan.

– Madame, vous avez enfreint la loi en ne déclarant pas un ouvrier.

– Je reconnais que je n'ai pas eu le temps de remplir la déclaration.

– Si cela se reproduit, vous risquez des poursuites graves.

– Merci beaucoup, je comprends.

Je reprends le chemin que j'avais pris le jour de la vente aux enchères, je traverse le grand hall, comme il y a quelques années, sans imaginer alors tout ce qui m'attendait.

En marchant à grands pas vers le bureau du juge, je pense en moi-même : « Que diable étais-je donc venue faire dans cette galère ? »

Arrivée à la Calisse, découragée par ces aléas qui me font perdre du temps, je me glisse dans mes draps froissés, j'ai encore quelques pépins de raisin dans les cheveux, mes mains sont colorées par les jus.

Je rêve que je vois mes mains sur le mur de la grotte Chauvet.

Je me réveille en sursaut en me rappelant ce qui reste à vendanger et que je dois rentrer vite à la cave avant que le mauvais temps n'arrive.

19.

Le nez du vin

Les règles de l'œnologie.
J'apprends à faire les assemblages.
Je développe ma capacité de dégustation.
La lente maîtrise des arômes.

C'est un jour de janvier, calme et ensoleillé. Les vignes sont au repos, j'aperçois par la fenêtre quelques grappillons qui font le régal des grives ; elles vont et viennent dans un ciel limpide, froid et lisse.

Tout est prêt dans la salle à manger, nous attendons Paul, notre œnologue, pour les assemblages du nouveau millésime. Il a demandé de prélever chaque cuve et de placer les échantillons dans des bouteilles transparentes. Elles portent une étiquette avec le numéro de la cuve, il y en a vingt-cinq ce jour-là : nous dégustons essentiellement les blancs et les rosés. Je les ai soigneusement alignées sur une nappe blanche en lin.

Il arrive à l'heure précise, un grand sourire illuminant son visage.

– Enfin le jour J ! On a de la chance, les pressions atmosphériques sont avec nous. Car il est impossible de déguster quand elles sont basses, par exemple les jours de pluie.

Il remarque mon air angoissé car, lors de la dernière dégustation, après les vendanges, j'avais découvert les vins du millésime qui m'avaient paru sans trop de relief.

Il s'installe à ma gauche, j'ai disposé quatre verres devant lui, il regarde les bouteilles puis, soudain, il fait le tour de la table d'un air gêné.

– Patricia, pourriez-vous déplacer cette bougie parfumée dans une autre pièce ?

Il me désigne du doigt une petite bougie à la vanille qui est posée sur l'étagère.

– Et vous Marc, dit-il en s'adressant au jeune caviste, je suis désolé, mais il faut que je vous parle.

Il prend un air embarrassé.

– Je vois que vous portez des boots. Avez-vous été en contact avec des chevaux dernièrement ?

Le caviste surpris explique qu'il s'est occupé des chevaux dans l'écurie quelques jours plus tôt.

– Pourtant je les ai bien lavées, elles sont propres.

– Ah, je vois, mais pouvez-vous les retirer quand même, car je ne peux pas déguster, je sens des odeurs d'écurie ?

– Incroyable ! Moi je ne sens rien du tout, ni la bougie, ni le cheval, dis-je pour rassurer le caviste.

Ce n'est que quand tout est neutre, nappe blanche, bouteilles alignées parfaitement, que Paul peut enfin commencer à se concentrer sur sa dégustation.

Il a une longue mèche repoussée en arrière au-dessus d'une masse de cheveux gris. Ses yeux verts sont profonds et lumineux. Son grand et large nez dévoile tous ses dons lorsqu'il le plonge dans un verre à pied.

Il est calme, il regarde aussi le paysage des vignes par la fenêtre. C'est comme s'il avait besoin de sentir le terroir pour comprendre les vins.

Ses mains larges et fortes, aux doigts semblables à d'épais sarments, s'organisent pour donner un ordre à la dégustation. Il observe les vins, décèle les nuances de couleurs correspondant à des caractères.

– Les blancs sont magnifiques, dit-il, leur couleur presque blanche indique une pureté exceptionnelle du vin.

Il note sur un cahier. C'est une personne très consciencieuse, qui prend à cœur son travail. En s'investissant fortement dans les dégustations, il me fait bénéficier de son expérience sensorielle, celle d'un homme qui a évolué dans le monde du goût et des sens. Il donne beaucoup de lui-même, comme il le dit :

– Si je ne suis pas suffisamment en forme, je ne peux pas déguster. Et avec un rhume, n'en parlons pas !

La dégustation du premier millésime de la Calisse peut commencer.

Nous procédons par ordre en fonction des dates de vendange, en démarrant par les cuves du début.

Je verse le vin, Paul écoute le léger murmure de sa chute, il l'observe dans le verre, vérifie le bulletin d'analyse de chacune, puis il approche son nez en le tournant et enfin le porte à sa bouche ; il le conserve un long moment en laissant entrer l'air par le nez et la bouche.

Tout se passe toujours dans le silence, il est toujours concentré, je reste muette, attentive.

– Celui-là est bien équilibré, l'hiver l'a amélioré.

Cela confirme que le travail du froid permet de diminuer le côté acide des vins.

– Les vins ont tous assez bien progressé.

Il lit ensuite son commentaire, pour chaque vin, il le classe, il lui donne une note.

– Nez floral de rose, bouche pleine, soyeuse, intense, finale longue qui révélera d'autres arômes d'agrumes et de poire.

En l'écoutant, je me discipline pour comprendre sa méthode, car j'ai du mal à deviner tous ces arômes.

La vue, le nez, puis la bouche. La finale du vin est un

élément important : combien de temps vais-je continuer à ressentir ces arômes, c'est ce qu'on appelle la longueur.

Avec le temps et l'expérience, grâce aux nombreuses dégustations partagées avec Paul, je reconnais toutes mes microcuvées, chacune correspondant à un terroir, mais aussi à une maturité maîtrisée.

Je commence par les grenaches blancs, car j'ai appris qu'ils ne doivent pas être laissés seuls dans une cuve, la fermentation aurait du mal à s'achever.

– Pourquoi ? m'a demandé un jour ce jeune aide caviste formé à l'œnologie que j'ai embauché quelques jours plus tôt.

– Je ne peux pas répondre, c'est comme ça, les jus des grenaches blancs de la Calisse doivent être assemblés avec des jus de rolle, car leur parcelle très caillouteuse permet une plus grande concentration, mais les levures risquent d'être ralenties, elles n'arriveront pas à transformer les sucres en alcool.

Il n'y a pas toujours une explication, c'est le terroir et l'expérience qui m'indiquent la méthode à suivre. Je commence par environ un tiers de rolle dans la première cuve auquel j'ajoute du grenache, dans la suivante je fais moitié-moitié et dans la dernière cuve qui est souvent la grande cuvée, il n'y a plus qu'un tiers de grenache blanc. Nous ne savons jamais comment se passera la vinification, d'une année à l'autre les choses varient, donc j'ai choisi de les répartir dans de nombreux petits contenants selon la maturité.

Et ce ne sont jamais les mêmes parcelles qui seront vendangées les premières. En procédant de la sorte, je minimise les risques d'erreur.

Les assemblages sont différents aussi chaque année. Malgré tout, j'applique les règles majeures que m'enseigne mon terroir. Par exemple, tels grenaches noirs vont dans les rosés. Chaque année, il y a environ vingt cuves de rosé.

Paul sélectionne les cuves à l'aveugle, parfois je le vois qui penche la tête en avant comme pour dire oui.

– Jolis arômes de petits fruits rouges, volume, longueur en bouche. Tiens, encore une fois, toujours les mêmes syrahs.

La connaissance des parcelles me permettra de les catégoriser. Chacune porte un nom. Il y a la parcelle des Valettes, celle des Cailloux blancs, les Terres brunes, le chemin des Pierres, la parcelle du Bois des grives, les cabanons Fournier.

Après la dégustation des vins du millésime, on passe aux assemblages.

Paul prend l'éprouvette, la lève devant ses yeux, en face de la fenêtre, il verse le vin tout en vérifiant la graduation.

– Nous pouvons essayer 20 % de la cuve de grenache et 80 % de syrah.

Je relis ses commentaires, je regarde mes notes pour chaque cuve. Elles sont moyennes, je suis inquiète, je ne suis pas sûre d'arriver à faire de grandes choses cette année.

Il secoue l'éprouvette, la dirige vers mon verre, verse aussi une petite quantité dans le sien et dans celui du caviste, il se met en arrière, tient son verre devant lui, passe son nez plusieurs fois, et déguste longtemps en silence.

Il me regarde en souriant, ses yeux brillent de satisfaction.

Car, à cet instant, il se passe un miracle : au moment précis où j'approche le nez vers le verre, j'ai l'impression d'avoir devant moi un bouquet de fleurs blanches et il me dit :

– Fleur de chèvrefeuille.

Je remplis ma bouche et cette fois c'est un assortiment de fruits blancs frais parfaitement mûrs que je goûte.

– Pêche blanche, poire, agrumes.

En fermant les yeux, je retrouve les parfums de tous ces fruits.

– Sentez-vous aussi un côté amande fraîche en finale ?

Et je pense aux amandes que j'ai croquées récemment sur l'arbre près du puits, tendres et fraîches.

– Vous voyez, je savais bien que le millésime nous réserverait des surprises, me dit-il avec une certaine fierté.

– Oui, mais là, c'est de la magie !

– Dans ce métier, il faut être patient.

L'expérience de Paul m'a permis de révéler les vins en les réunissant avec discernement.

Je réalise que les vins de ces deux cuves qui me semblaient légers et peu aromatiques sont devenus, une fois assemblés, une très belle cuvée. Je remarque aussi que, pour accomplir ce travail, Paul applique une méthode, que j'ai adoptée.

J'observe d'abord avec les yeux, les indices apparaissent : les couleurs plus orangées sont signe d'oxydation ; si le vin est presque blanc, il sera plus fermé donc moins aromatique.

Puis vient le nez, je décèle les parfums dominants : les fleurs, les fruits mûrs ou encore un peu verts.

Je cherche dans ma mémoire et je retrouve tous les parfums du jardin extraordinaire, ceux du potager de Marcel, celui des fleurs de lilas au printemps près du banc de mon père, celui des violettes sauvages, ou bien l'odeur des mousses de l'étang, et parfois celles des plats de Léone qui mijotaient dans la cuisine.

Enfin vient la bouche, ou plus précisément la langue, qui reçoit les sensations tactiles. Ce sont les quatre saveurs : sucré, salé, acide, amer, qui constituent les éléments capitaux de la dégustation.

– Cet assemblage est soyeux et rond, dit Paul.

Je tourne le vin sur ma langue et je sens son épaisseur, son onctuosité, sa finesse. C'est cette sensation gustative que je développe à l'aide de mon palais tout entier.

Cette cuve a des arômes de coing et de figue, une autre a des arômes de fleur d'oranger et de ces deux vins assemblés naîtra un vin au nez de fleur d'aubépine. C'est le miracle des vins, les arômes des vins sont tous des arômes que l'on retrouve dans la nature. Il faut les connaître pour composer les vins comme avec une palette de couleurs : je choisis les arômes de mes vins, qui sont souvent ceux de mon enfance.

Paul me fait découvrir la magie de ce métier lors des assemblages. Il tient compte des paramètres analytiques : les acidités, les degrés, et l'historique de la cuve. Je revis chaque instant de la vendange à travers ses notes.

Les cuves traduisent les évolutions des maturités, celles du début sont plus claires et acides et celles de la fin sont plus foncées. Le caractère du contenu de chacune de mes cuves va me permettre de trouver l'équilibre lors des assemblages.

Au fil des ans, grâce à Paul, je développe ma capacité de dégustation, et j'applique consciencieusement cette méthode de base : Regarder, Sentir, Toucher et Interpréter.

– Quelle belle longueur, dit Paul, sur ce superbe assemblage de vin rouge, en rétro nasale on retrouve les arômes de cassis et de mûre.

Je repense à mes mains pendant les vendanges touchant mes raisins, ou bien dans le potager de Marcel, où je me cache pour qu'il ne me voie pas, quand je me régale des cassis bien mûrs que je cueille avec douceur, je les goûte avec bonheur, mes doigts sont colorés par ce jus bleu foncé, pourpre, presque noir. Les goûts de mon enfance me guident dans cette dégustation, et les interrogations de ma jeunesse trouvent ici des réponses, deviennent explicites et cohérentes, et me rassurent enfin.

Ma vie sollicite tous ses sens pour son œuvre : réussir un grand vin. Elle évolue en même temps que mon nez progresse. Où que je sois, j'applique tous les jours ma méthode de dégustation : je regarde, j'interprète, et ceci me permet de déceler des indices, des détails.

Parfois, en marchant dans le vignoble, je sens la caresse du vent, car mon corps et mes sens s'imprègnent enfin des éléments qui m'entourent, et de la nature dans toutes ses composantes complexes.

Ou bien, au bord du lac d'Annecy où je m'échappe tous les ans, je glisse dans son eau fraîche, bercée par une onde légère et soyeuse ; mes narines perçoivent de loin l'odeur de l'herbe fraîchement coupée, vers les sommets, et celle des vaches qui la ruminent pour permettre au fermier de préparer le délicieux reblochon qui sera servi accompagné de mon blanc Étoiles aux arômes de citron confit.

Mes sens sont amplifiés, ma capacité à recevoir est multipliée et je me fonds dans cette nature que j'ai apprivoisée.

La maîtrise et l'art de la dégustation sont le résultat d'une longue expérience. Peu sont capables de reconnaître les parfums les plus subtils. Car il paraît qu'une majorité des habitants de notre planète ne sont susceptibles de distinguer qu'une dizaine d'arômes de la nature.

Je sens, je reconnais des parfums, vais-je les retrouver en dégustant, sont-ils agréables, que me rappellent-ils ?

En développant mon habileté à sentir, je développe

aussi mes capacités tactiles et visuelles. La question qui me vient alors à l'esprit : combien parmi mes clients seront aptes à déguster mes vins et à en déceler les arômes ?

N'est-ce pas un peu comme si je peignais un tableau qui serait exposé ensuite dans une pièce mal éclairée ? Il ne pourrait révéler ses couleurs que faiblement.

Avec le développement des sens, les hommes seraient-ils susceptibles de mieux comprendre le monde ?

Nous avons tous en nous-mêmes une capacité de connaissance à laquelle nous avons renoncé. Quand je parcours Paris, je suis attristée de croiser ces foules qui marchent emmurées, connectées en permanence à leurs portables. Elles ne voient plus rien, ne sentent plus rien.

Paul prend l'éprouvette, se concentre, et assemble cette fois deux cuves de rosé. Je le vois faire un geste de satisfaction en gardant le vin dans sa bouche quelques instants, il recrache et dit simplement ceci :

– Quelle finesse, j'ai ici de la prune blanche, des agrumes, un nez de fleurs blanches, et il y a aussi en bouche de la groseille, des citrons confits.

– C'est mon grand rosé ! Il vient de naître !

Vingt ans plus tard, chaque année, au moment des assemblages, nous sélectionnons souvent les mêmes cuves provenant de ces microterroirs pour le grand rosé.

– Ce sont encore les grenaches noirs de la parcelle du haut qui donnent les meilleures cuves !

Je repense à mon amie géologue et à mes terres de dolomies calcaires sur lesquelles ils se développent avec caractère et ardeur. Voici la preuve que le terroir a toujours le dernier mot !

LES PHASES DE LA DÉGUSTATION

I – EXAMEN VISUEL

- Limpidité – Transparence.
- Couleur : intensité, nuance, brillance.
- Autres examens : effervescence, fluidité, défauts éventuels...

II – EXAMEN OLFACTIF

Examen olfactif direct :

- Intensité des odeurs (fort – moyen – faible...)
- Qualité : agréable – désagréable – fin – racé – distingué – riche – ordinaire – grossier.
- Caractère : floral – fruité – végétal – animal – épicé, etc. jeune ou vieux.
- Odeurs particulières ou défauts.

Rétro-olfaction : noter les caractères différents de l'examen olfactif direct.

III – EXAMEN GUSTATIF

Détermination des sensations liées aux saveurs et aux sensations tactiles et chimiques.
Acide – tanin – alcool – moelleux.
Niveau d'équilibre. Les quatre saveurs : sucré – salé – acide – amer.

IV – PERSISTANCE AROMATIQUE – FIN DE BOUCHE

Les parfums qui restent en bouche après la dégustation et se prolongent.

V – JUGEMENT D'ENSEMBLE

Niveau et classe du vin.
État présent et degré de conservation. Devenir du vin.
Éventuellement : application gastronomique.

20.

La vente : les débuts

Après les mises en bouteille,
le premier Salon du vin et le contact avec les clients.

Enfin les premières mises en bouteille !

À la suite de l'étude des sols, j'avais choisi de commencer par planter des blancs, car mon terroir me paraissait très bien disposé à les recevoir, situé à 450 mètres d'altitude et bien ventilé. Je sélectionne les trois cépages principaux de l'appellation : rolle, clairette et grenache blanc.

La première cuvée en troisième feuille, c'est-à-dire quand la vigne a trois ans, est un blanc intitulé « vin de pays », car nos raisins ne pourront pas bénéficier de l'AOC avant d'avoir atteint l'âge de quatre ans.

Puis il y a le choix compliqué de la forme des bouteilles. Après réflexion, j'opte pour la bordelaise classique et je dessine une étiquette sépia, noir, gris et blanc représentant la maison principale illustrée d'un petit texte qui indique :

Blanc de Blanc, troisième feuille
Vin de pays du Var

– Eh bien, avec une telle accroche, elle n'ira pas bien loin !

Ce sont les propos d'une proche qui me sont rapportés. Le genre de propos qui ont tendance à m'encourager.

Je réalise alors qu'il y a maintenant dans ma cave dix mille bouteilles de cette fameuse cuvée de troisième feuille et que je n'ai encore rien prévu pour les vendre. Ni même pensé ni réfléchi, trop occupée par la vigne et la vendange.

J'ai entendu parler par un voisin viticulteur d'un salon à Nice, dans un hippodrome près de la mer, qui a lieu chaque année aux environs du 1er mai.

– Il y a du monde, mais c'est très fatigant, me prévient-il.

Il ne m'en dit pas plus, ne souhaitant probablement pas avoir trop de concurrents proches de son terroir.

Je m'inscris à la dernière minute.

J'improvise aussi un local de vente dans la petite pièce d'un ancien garage près de la cave. J'y installe un vieux bar des années 1920, qui appartenait à mon grand-père paternel. Il y recevait ses amis après la guerre et ils se remémoraient les épisodes qu'ils avaient vécus ensemble, le verre à la main. Il avait été gazé à Verdun, ce que nous rappelait souvent mon père en soulignant chaque fois la chance inouïe que nous avions de ne jamais avoir connu la guerre. Je recouvre le sol en terre battue de vieilles tommettes de Salernes et je fais enduire les murs à la chaux.

Maintenant il va falloir vendre le vin.

J'arrive au salon avec quelques cartons dans mon coffre, un tire-bouchon et des verres de sommelier.

Un grand brun en costume bleu m'attribue un comptoir en formica blanc dans une allée secondaire sous un escalier, dans un recoin.

– On n'a pas pu trouver mieux, vous vous êtes inscrite

trop tard. Vous avez un point d'eau à l'extérieur du bâtiment pour laver les verres.

Je pose trois bouteilles de mon vin de pays « Blanc de Blanc » sur le comptoir, et je m'installe sur le strapontin en skaï noir fourni avec le stand.

Autour de moi, je découvre les autres stands ; juste en face, de l'autre côté de l'allée étroite, je remarque celui d'un domaine alsacien. Il y a là trois femmes, la mère, et les deux filles, toutes trois habillées du costume traditionnel alsacien, avec leurs coiffes authentiques, comme deux ailes noires de corbeaux au-dessus de leurs têtes. Elles se tiennent devant le comptoir et proposent une dégustation de leurs vins. Le stand est décoré de fausses grappes de raisin en plastique disposées comme une guirlande, qui s'allument et s'éteignent toutes les dix secondes. Elles ont aussi accroché au mur, derrière elles, des prospectus et des affiches, dans des cadres un peu prétentieux de style Louis XV. On peut les voir sur des photos, avec le même costume traditionnel, dans leurs vignes, tenant des paniers et ramassant les raisins, elles y arborent de grands sourires.

Je me dis que je n'ai rien amené, pas de photo, juste quelques tarifs et un descriptif du vignoble photocopié à la dernière minute. L'allée est étroite et mon stand sous l'escalier est vraiment peu visible.

De l'autre côté, il y a un bar à bières, et à gauche, un peu décalé, je découvre un vigneron apparemment originaire de Bordeaux. Il est vêtu d'un tablier noir, brodé en lettres dorées au nom du domaine. Il porte un chapeau noir à larges bords et ses longs cheveux poivre et sel sont attachés à l'arrière en catogan avec un ruban rouge ; il a installé de grands verres sur le comptoir devant un alignement de toute sa gamme de produits : les 75 centilitres classiques, les seconds vins, les jéroboams, les magnums.

Ce qui fait que je détonne encore plus dans cet univers de pros, car outre le choix étendu de mes produits, je n'ai que les petits verres à pied et un seul modèle de bouteille, de couleur et de cuvée.

Je vais faire quelques pas et j'aperçois dans le jardin de l'hippodrome des iris blancs que personne n'a dû remarquer dans un massif de fleurs envahi par les mauvaises herbes.

J'en cueille quelques-uns, je les mets dans un verre sur mon comptoir, ce sera un élément de décoration.

Ça y est, je suis installée, les portes s'ouvrent !

Les rares visiteurs qui passent devant moi accélèrent la cadence en détournant la tête, comme happés par les autres appellations, bordeaux, alsace, champagne… Elles affichent la collection de leurs nombreux prix, leur chapelet de médailles d'or à Paris, Mâcon, Bruxelles… Ces belles enseignes clignotent et attirent l'œil dans les rangées. Parfois, très rarement, certains s'arrêtent.

– Et vous, madame, que produisez-vous ? Ah ! Un « petit » vin de pays, un blanc du Var ? Vous n'avez pas un rosé ?

Ils repartent en prétextant qu'ils ont déjà des vins du Var ou bien, carrément, qu'ils n'aiment pas les blancs qui leur donnent mal à la tête.

Malheureusement je n'aurai le rosé que l'année prochaine, les vignes de grenache étant plus jeunes. Ai-je vraiment eu raison de me lancer dans cette aventure ?

Un de mes amis qui passe devant mon stand, et qui prend peine à me voir recroquevillée dans mon coin, me conseille de porter le raisin à la coopérative.

– J'ai un cousin qui fait ça dans son château du Beaujolais. Il ne veut pas s'embêter avec la vente du vin, tu comprends ?

Non, je ne comprends pas, le vrai intérêt de ce métier c'est de participer au bonheur de la création d'un produit et à la magie des fermentations.

– Mais, tu sais, ils ont des « situations » à Paris qui ne leur permettent pas de s'occuper des vignes et du vin et c'est un boulot plutôt ingrat.

Ingrat. Faire du vin n'est pas une « situation » ! Quelle tristesse que d'entendre ces propos insignifiants ! Il n'a pas connaissance des échanges secrets que le vigneron vit avec sa vigne, lorsqu'elle m'appelle et que ma présence la réconforte…

– Mais ils ont droit chaque année à quelques bouteilles de la coopérative, insiste-t-il, heureux de partager sa « science » de diplômé d'une grande école de commerce.

… et ces échanges me font vivre par la force que la nature me transmet. Lui a-t-on expliqué cela dans son école de commerce ?

Au bout de quelques heures, il y a foule dans ce salon, et je vois passer des chariots chargés de cartons dans les allées, mais pas un seul client ne m'a posé la moindre question et la caisse en métal, fermée à clé, est bien vide.

Je décide alors d'une stratégie osée : j'avance discrètement mon stand vers l'allée afin que les prospects baladeurs aux yeux fuyants, même s'ils sont un peu gênés et cherchent à m'éviter, rencontrent mon regard. Je leur tends un verre de la Calisse, et je leur sers sans attendre un argumentaire implacable :

– Il faut goûter absolument cette cuvée, nos raisins proviennent d'un terroir de Provence exceptionnel qui produit des grappes de grande qualité. Le terroir est situé sur une bande d'éocène et les vignes ont été plantées nord-sud dans le sens de la pente afin de bénéficier la nuit de la chaleur emmagasinée dans le sol à 450 mètres d'altitude.

Certains finissent par s'arrêter, se sentant un peu pris au piège et n'osant s'écarter. Ils m'interrogent alors sur ces fameuses qualités exceptionnelles du terroir. Je suis intarissable, je leur détaille les différentes zones de mes microterroirs, et je les embarque dans un voyage à travers les siècles en leur décrivant chacun de mes cépages.

Au moment de la dégustation, alors qu'ils se détendent sous l'effet de l'alcool, je leur demande de me parler d'eux, de leurs goûts et de la cuisine qu'ils font, pour les amener à trouver le plat qu'ils aiment et qui s'accordera à mon vin. Ils ont tous quelque chose à raconter et je les aide à se révéler. L'un a un problème d'amour avec une fiancée, et le vin le réconfortera, l'autre a un travail stressant, tous se confient et à chacun j'indique le remède absolu et unique :

– Un seul verre de blanc « troisième feuille » le soir et vous vous sentirez mieux !

Le lendemain du jour de l'ouverture, arrive un homme chauve avec une canne, courbé, d'une soixantaine d'années. Sa femme le suit de près, petite et plutôt ronde, elle porte une veste tricot en mohair mauve, son visage est ridé et son expression un peu boudeuse.

Je tends mon verre au mari selon le scénario habituel, tout en l'invitant à s'asseoir à ma place le temps de la dégustation.

– Merci, madame, je ne peux pas boire beaucoup, car j'ai des crises de goutte…

Sa femme obtempère, en le tirant par le bras pour l'entraîner plus loin.

–… mais c'est gentil de me le proposer.

– Il faut goûter un tout petit peu, lui dis-je en insistant et en relativisant les effets du vin sur la goutte.

Je le dirige doucement vers la dégustation en lui conseillant de cracher et je commence par la description des arômes. Je l'invite d'abord à prendre le temps d'essayer de comprendre le vin.

– Poire, pêche de vigne, muguet, lilas.

Il semble attentif, me pose des questions.

– Ah oui, je retrouve ce que vous me dites.

Je lui propose de déguster calmement, voir, sentir, goûter.

Il m'achète un carton et m'indique alors qu'il a été ravi de me rencontrer. Il repart avec un grand sourire et a maintenant un air apaisé.

– C'est une belle découverte, dit-il.

Sa femme s'impatiente pendant ce temps devant le stand du Bordelais où elle s'est avancée sans l'attendre. Elle est hypnotisée par l'homme au chapeau et semble boire ses paroles en même temps que les cuvées de son domaine. Ses yeux se mettent à briller quand il sourit et la prend en main. Soudain, elle revient vers nous.

– On n'a pas besoin d'un blanc de Provence à la maison, dit-elle avec un air autoritaire.

– Je serais ravie de vous le faire goûter, je réponds, sachant que le combat est perdu face à mon concurrent et son pouvoir de séduction.

Ce monsieur Gilbert deviendra un de mes plus fidèles clients. Un jour, il me téléphone :

– Je voulais vous dire une chose, très importante,

j'apprécie vos vins, chaque jour un peu plus. Est-il possible d'en commander soixante bouteilles ?

– Bien sûr, monsieur Gilbert, nous vous livrons demain, mais faites attention à votre goutte !

Quelques années plus tard, il me confie :

– Il faut que vous sachiez, c'est un miracle, je suis guéri de la goutte, le médecin me l'a confirmé, je n'ai plus de crise grâce à vos vins. Il m'a autorisé à en boire, mais uniquement le vôtre.

– Et pas les bordeaux de mon voisin ? dis-je avec ironie.

– Non, je ne me sens bien qu'avec votre vin. Il ne me fait pas de mal, à la différence de tous les autres.

Je lui dis alors avec un sourire :

– Pouvez-vous envoyer un courrier au ministre de la Santé afin que mes vins soient remboursés par la Sécurité sociale ?

Et nous en rions bien ensemble.

Prendre le temps du plaisir de goûter fait qu'il boit moins et plus lentement. Et puis, les arômes de mes vins accompagnent des plats parfois trop copieux et l'amènent à profiter des instants magiques de la dégustation et peut-être à ne pas se précipiter sur les plats.

– Votre vin et ses arômes de fleurs m'ont guéri de la goutte !

Je l'avais initié au rythme et à la joie de la dégustation, depuis il savait apprécier les qualités du vin.

– Je suis guéri définitivement grâce à votre vin !

Je pense alors au bobo parisien qui est passé cette première fois devant mon stand et à qui je propose un verre. Je le reconnais à sa barbe non contrôlée et à ses tatouages de fleurs géantes sur le bras, qui remontent jusqu'au cou, avec des pétales au niveau de la glotte.

– Voulez-vous déguster mes vins ?

– Non, merci, votre vin est-il nature ?

– Le vin est un produit qui provient d'un fruit, le raisin, qui a fermenté grâce à des levures, est-ce nature ?

– Ah, euh ! je ne sais pas… il y en a qui disent qu'ils utilisent les levures qui viennent de leurs raisins.

– Les levures du raisin sont souvent celles transportées par le vent, elles peuvent provenir de la cave d'un voisin. Elles sont parfois plus fortes et détruisent les plus faibles qui sont cependant les plus qualitatives, et il arrive qu'elles produisent au cours des fermentations beaucoup plus de soufre. Donc le vin « nature », en laissant agir les levures les plus fortes, risque de donner, par le pouvoir de la chimie naturelle de certains composants, un vin parfois plus soufré. De plus, le jus de raisin va produire « naturellement » du vinaigre au bout de quelques semaines. Et n'oubliez jamais que c'est l'homme, depuis Pasteur, qui, avec l'apport de ses connaissances, produit de grands vins.

Je pense à toutes les désinformations transmises sur les réseaux sociaux.

Qui donc cherche à détruire le vin en inventant des pratiques qui seraient plus nature que le vin biologique qui se fait « naturellement » car l'empêcher d'évoluer vers le vinaigre est une nécessité.

– Le soufre est naturellement produit par la levure, à condition que la fermentation soit accompagnée et contrôlée avec soin, dis-je en prenant un ton de conclusion définitive.

En le regardant partir de loin je remarque que son tatouage réapparaît à l'arrière de son cou comme une liane.

Sa connaissance de la nature se limite à cette fleur gravée sur son corps, et elle illustre bien la chaîne indélébile qui emprisonne sa pensée…

Un autre, baladeur vissé à l'oreille, me rétorque :

– Je ne peux pas déguster, j'ai vu, sur un site internet, un grand professeur de médecine dire que le vin était dangereux pour la santé, donc je ne bois que des jus de fruits.

– Le meilleur jus de fruits c'est le vin ! lui dis-je en me contrôlant, à condition de le consommer avec modération.

« C'est dommage, il passe à côté de quelque chose », me dis-je en moi-même.

Un an plus tard, une place m'est accordée après d'âpres négociations dans le hall central, le long de l'allée principale.

Je n'ai pas installé de grappes en plastique, mais seulement une grande photo de la bastide sous les platanes, encadrée par les vignes et les lavandes. Je n'ai pas non plus encore décidé de me vêtir d'un costume provençal, mais ce serait peut-être une bonne idée, que j'évoque en souriant avec Fabienne, une amie, et Laurent qui deviendra mon fidèle collaborateur ; ils sont venus en renfort car les bouteilles se vendent maintenant en quantités dépassant tout ce que j'avais imaginé lors du premier salon, lorsque j'étais cachée sous l'escalier.

– On pourrait aussi jouer de la flûte ! commente Laurent.

Nous fêtons autour d'un verre de blanc la croissance du chiffre d'affaires. Fabienne et Laurent fidélisent les clients en les invitant à nous rendre visite ensuite au domaine, leur laissant miroiter d'autres découvertes. Nous les recevons dans le petit caveau de vente ou sous les platanes qui dominent le vignoble.

Je dirige toujours les acheteurs vers les choses essentielles : voir, sentir, déguster, aimer et ne tenir compte ni des exagérations du marketing ni des phénomènes de mode. Non, le vin n'est pas un poison comme certains l'insinuent. Je suis le témoin quotidien de l'enthousiasme et la joie qu'il provoque.

– Quel bonheur, votre vin ! on l'a fait déguster à un oncle de passage. Il était bluffé.

Certains me surprennent, ils savent l'associer aux mets bien mieux que les professionnels dont c'est le métier.

– On l'a servi avec le foie gras qu'il avait apporté du Périgord. C'était encore mieux qu'un grand sauternes.

Ils ont en mémoire les arômes de leur enfance et les font revivre en association avec un plat. Tous ceux qui ont la curiosité de prendre le temps de comprendre le vin et qui oublient le vacarme assourdissant des idées préconçues ont la chance de participer au monde vivant que leur transmet cette boisson sacrée !

– C'est vrai qu'il a beaucoup d'arômes, et que mon mari aime beaucoup votre vin, mais moi je préfère le bordeaux ! dit madame Gilbert qui a daigné pour une fois s'arrêter avec son mari devant mon stand.

21.

Les Grands Jours de Bourgogne

Les acheteurs professionnels.
Vendre son vin,
mais pas son corps ni son âme !

Je suis très heureuse. Par ce jour de printemps, je suis invitée aux Grands Jours de Bourgogne, un parcours à travers les vignes et les caves des appellations qui va me donner l'occasion de déguster de grands vins.

Le point de rendez-vous est à Beaune, c'est mon importateur américain qui a pris l'initiative de m'inviter. Je l'ai rencontré au premier salon des vins du sud, où il semblait errer comme une âme en peine, tenant une mallette rigide à la recherche de la pépite qu'il pourrait rapporter aux États-Unis.

Une fois parvenu à mon stand, il m'a fait un compliment sur le design des étiquettes puis a pris un air indécis en dégustant mon rosé.

Son visage sombre et terne est surmonté de quelques cheveux gris épars, son regard est perçant, il me scrutait des pieds à la tête avec ses yeux qui semblaient lancer des flèches, je me méfiais un peu.

– Aux États-Unis le rosé n'existe pas, il est considéré comme un vin bas de gamme…, m'a-t-il dit.

– Ah, mais je fais aussi des blancs et des rouges, je suis dans un terroir très frais en Haute-Provence.

Il a dégusté ensuite mon blanc Étoiles et a semblé surpris.

– Il y a une grande finesse dans ce vin, je viendrai déguster les rouges plus tard.

Je l'ai vu tourner et revenir plusieurs fois. Au quatrième passage il m'a annoncé qu'il pourrait importer quelques-uns de mes vins. Il a sorti de sa mallette en skaï marron un petit carnet de commandes qu'il a rempli avec soin avec un stylo à encre bleue.

– Six cents bouteilles de rouge, de blanc et de rosé.

Pas mal pour une première commande ! Je me suis dit que j'avais mal jugé la personne, en fait il semblait bien connaître ce monde du vin.

Il m'a cité certains producteurs qu'il avait aidés à s'introduire sur le difficile marché américain ; quelques grands noms mais aussi des artisans comme moi.

Puis il m'a annoncé être en mesure de faire une plus grosse commande bientôt.

Quelques mois plus tard, il me téléphonait des USA.

– Bonjour, j'espère que tout va bien, j'aimerais vous commander trois mille bouteilles de votre rosé et deux mille de blanc, est-ce possible ?

– Euh ! oui, c'est un peu beaucoup mais je vais voir.

Il m'a envoyé le bon de commande sans même discuter une remise sur le prix.

Je me réjouissais, mais en même temps quelque chose me gênait, car je risquais d'être à court de rosé assez vite ; mais comme c'était le début de la commercialisation de mes vins je me suis dit que c'était un moyen de me faire connaître aux États-Unis.

J'ai regardé partir les palettes dans le grand camion envoyé par l'importateur en imaginant les personnes à l'autre bout du monde qui allaient déguster mes vins.

« Quel bonheur ! mais vivement la prochaine récolte car je n'ai plus de stock. »

Quelques jours plus tard il m'a appelée à nouveau :

– Je voulais vous dire que j'ai fait déguster vos vins au plus grand critique américain qui est aussi un ami.

– Vous voulez dire… ?

– Oui… et il a beaucoup aimé le rosé, vous avez été notée dans sa lettre mensuelle.

– Ah ! et cela a donné quelle note ?

– 86 sur 100 pour le rosé, ce qui est une très bonne note pour la couleur, mais le principal est d'y être.

Je sautais de joie intérieurement en l'écoutant épeler les notes.

– Et 88 pour le rouge et le blanc.

Être bien noté dans cette revue emblématique, c'est comme avoir le prix Goncourt !

J'ai reçu par fax le lendemain la copie de la page de la lettre mensuelle du critique américain et les commentaires complets de dégustation des vins de la Calisse. Je me suis sentie revivre et bientôt les compliments de toutes parts ont afflué. Certains vignerons m'ont regardée avec suspicion, ils se demandaient si j'avais utilisé un moyen d'influence quelconque. On me rapportait les propos des jaloux.

– Dans son terroir du nord, elle ne pourra jamais faire quelque chose de bien, elle doit avoir des amis proches de la Maison blanche !

Comme s'il fallait être proche du président des États-

Unis pour obtenir quelques lignes dans le magazine de ce critique américain célèbre !

Une amie vigneronne attendait depuis des années d'être sur le précieux recueil, presque autant que la Bible.

– Les gens disent qu'en si peu de temps et en plus avec des rosés, c'est incompréhensible car le grand critique ne parle que très rarement des rosés.

– Ce qui m'intrigue le plus, c'est que dans la description du rosé, il cite les arômes de lavande, élégants et fins… pourtant il n'est pas venu.

Mais mon père m'a félicitée, il était très fier et emportait avec lui dans ses réunions une copie de l'article découpé.

C'était une époque où les rosés étaient peu appréciés, et je me tuais à expliquer à tous ceux qui n'y croyaient pas :

– La légèreté du rosé en fait un vin d'avenir, en association avec des plats plus *light* en vogue et qui correspondent à l'évolution des habitudes de consommation.

Les grands châteaux des appellations connues s'y opposaient pour garder leurs territoires en se moquant :

– C'est un non-vin !

Les journalistes invités dans les belles chambres de ces demeures célèbres suivaient le pas. « Le rosé ne sera jamais du vrai vin », pouvait-on lire alors dans presque tous les journaux parisiens.

Le rosé naît d'un terroir celui de Provence, de cépages dont le principal est le grenache ; il est vinifié comme un blanc avec des cépages rouges qui colorent légèrement ses jus. En quoi serait-il un « non-vin » ?

La suite, on la connaît : tous se sont précipités pour faire des rosés, quand ils ont vu que le marché de cette couleur progressait de 20 % par an et ne touchait plus seulement les primo-accédants des nouveaux pays consommateurs ou les bistros de plage et ils ont envoyé leurs œnologues se former en Provence. Puis ils ont tous ou presque, acquis des domaines, emblématiques pour certains, dans les terroirs de Provence.

Mais ils ont oublié une chose importante : le rosé, comme les autres vins, est l'expression d'un terroir, d'un cépage, d'un savoir-faire, d'une tradition et du climat… et requiert un vigneron qui sait mettre en valeur toutes ses nuances.

Je prépare mes affaires pour les Grands Jours de Bourgogne. Nous dînerons avec quelques acheteurs chez Georges Blanc. J'ai prévu de porter un petit tailleur jupe et veste en velours rose que je viens d'acheter. Cela me change un peu de mes tenues de vigneronne : jean et baskets. Je prends aussi quelques chemisiers élégants en popeline et en soie.

Le soir du dîner, je retrouve les acheteurs qui m'ont accompagnée lors de la visite des vignobles. Il y a aussi l'importateur américain, le chef sommelier d'un grand restaurant de New York et un vigneron de Bourgogne.

Avant le dîner, nous parcourons les vignes d'un vigneron de Mâcon, je remarque des plants morts et des herbes sauvages qui envahissent la parcelle.

La visite de la cave est surprenante. En quelques coups d'œil je repère les possibles défauts qu'il pourrait y avoir dans les vins, oxydations excessives, présence de brettanomycès (levures se développant dans les contenants non entretenus et mal désinfectés), cela m'attriste.

Le charisme du vigneron anéantit toute capacité d'observation objective des visiteurs, il justifie le manque de propreté de sa cave en déclarant qu'il existe des fermentations non alcooliques que les œnologues ne peuvent pas comprendre ; il nous explique en gros qu'il est en rapport avec les astres qui lui permettent de faire des grands vins.

Le critique, semble-t-il, est impressionné par ces évocations et les acheteurs se congratulent car ils savent que les cours de ses vins vont atteindre des sommets et seront encensés dans les revues de l'establishment du vin aux USA.

Je regarde le vieil homme rejeter le reste de son verre dans la barrique tandis que les invités sont priés de cracher joyeusement sur le sol en terre battue.

J'ai repéré des défauts majeurs, des volatils par exemple qui ailleurs rendraient le vin non marchand, ou bien la présence d'éthanal (oxydation du vin) que les moines avaient dans leurs vins sans le savoir.

– Pas d'œnologue chez moi, explique le vigneron qui porte des lunettes épaisses et un pantalon de toile grise rapiécé.

Son regard est triste car il sait au fond de lui-même que le personnage qu'il est obligé de jouer pour s'enrichir n'est pas vraiment lui. Il croit aussi à ses vérités fantasques, car il est seul dans sa vigne et sa cave depuis l'enfance et n'a pas eu la chance de suivre les études qui lui auraient permis de comprendre mieux les phénomènes qu'il pense être diligentés par les astres et le ciel.

Je lui demande :

– Avez-vous fait les malos sur ce vin ?

– Que me dites-vous là, des choses d'œnologue, madame ?

Et l'explication s'arrête sur une absence de réponse.

Le critique ne semble pas plus savoir qu'il existe une transformation malolactique après les fermentations, il ne se fie qu'à une apparence qui correspond à son idée du vin : un vieil homme seul au milieu de ses foudres qui explique qu'il est en rapport avec des dieux imaginaires.

Les invités sont honorés d'avoir été reçus par cette sorte de druide du vin.

Le soir venu, j'enfile mes collants opaques noirs, la jupe en velours rose évasée.

Je me maquille un peu, lave mes cheveux que je sèche rapidement avec le séchoir de l'hôtel. Je descends les marches et arrive à la table du restaurant où le groupe est déjà installé.

J'ai été placée à côté d'un vigneron célèbre de Bourgogne invité par un des acheteurs qui a amené quelques-uns de ses vins. À ma droite, le sommelier de New York.

La poularde de Bresse en croûte de sel arrive sur un grand plat d'argent et tous s'extasient.

Une dégustation de différents vins se poursuit, le vigneron nous fait goûter trois de ses grandes cuvées de rouge. Chacun fait un compliment et au troisième vin je me décide à donner un avis et je fais la remarque suivante :

– Tiens celui-ci est passé en bois, semble-t-il.

L'importateur me lance soudain l'artillerie logée dans ses yeux noirs et m'indique que le vigneron n'a pas pu faire le sacrilège de « boiser ce vin » alors qu'il est réputé pour ses cuvées sans bois.

– Veuillez l'excuser, c'est une vigneronne qui démarre, elle ne connaît pas très bien le vin.

Je baisse les yeux et décide de ne plus rien dire ; cet importateur a un comportement étrange, maintenant il cherche à m'humilier.

Mais quelques minutes plus tard, le vigneron s'adresse avec douceur à moi avec un sourire de connivence :

– Patricia a raison, ce vin du millésime 2002 est passé très légèrement en bois, c'était un essai que j'avais voulu faire.

Je ne réponds rien mais une certaine fierté me traverse. Je repense à Paul lors des assemblages, lorsque nous sommes concentrés, aucun bruit ne nous trouble, et que nous détectons les moindres détails. Nous cherchons très profondément dans notre mémoire les éléments que nous avons intégrés et qui vont nous amener à reconnaître les qualités et les défauts du vin.

Nous dégustons ensuite la poularde de Bresse tendre et onctueuse avec le vin un peu boisé du vigneron assis à côté de moi ; il s'accorde à merveille avec le plat en rehaussant le goût fin et équilibré, légèrement épicé, de la poularde, qui me ramène un peu en arrière dans le temps dans la cuisine de mon enfance, je sens le fumet qui s'échappe de la casserole en cuivre de Léone. Ayant quitté quelque temps la table pour m'envoler dans ces rêveries, je suis tout à coup ramenée sur terre en sentant le long de ma jambe celle de mon voisin sommelier qui s'approche et me caresse.

Aïe, dans quelle galère suis-je à nouveau !

Je retire doucement ma jambe et fais mine de tousser, ce qui a le mérite de provoquer un déplacement complet de celle-ci vers la gauche. Je fais comme si je n'avais rien senti, le dîner se poursuit, je discute plus volontiers alors avec le vigneron.

Puis lors d'une deuxième tentative, peu avant le dessert, je sens à nouveau un frôlement le long de mon collant noir et j'aperçois furtivement dans le champ de mon œil droit le regard du sommelier qui attend que je me tourne dans sa direction.

Je décide alors de me lever en indiquant aux convives que la journée a été longue et qu'il ne faut pas se coucher trop tard. Tout le monde acquiesce et je me précipite dans ma chambre.

Il est vrai que je n'ai pas trop l'habitude de ce genre de drague sous la table. Certes, le petit tailleur rose est un peu sexy mais pas tant que ça tout de même…

Je ferme la porte à clé et, après une bonne douche, je me glisse dans des draps lourds et rêches.

« Qui est donc ce sommelier pour croire qu'il peut me draguer comme ça ? », j'enrage dans ma tête et je repense à l'importateur qui semblait aussi me regarder de travers après la remarque sur le vin un peu boisé du vigneron.

Mais, à peine endormie, tout à coup j'entends un froissement contre la porte, je ne bouge pas, puis un autre plus fort.

– Patricia, c'est Denis, votre importateur, je peux entrer pour parler un peu ?

Je retiens ma respiration, pas un mouvement, j'entends un dernier froissement puis des pas dans le couloir sur la moquette feutrée.

Je finis par m'endormir, puis, de nouveau un bruit dans la porte mais cette fois comme des ongles et des doigts qui tapent tout en grattant. Par la fenêtre de la chambre qui donne sur l'escalier j'aperçois l'ombre du sommelier, il gratte la porte à nouveau.

Je reste immobile dans mon lit. Faudrait-il que je sorte avec ma chemise de nuit en pilou décorée d'ours en peluche pour les faire renoncer ? Je regrette l'achat du tailleur rose. Finalement j'aurais dû emporter mon vieux jean.

Le lendemain je croise l'importateur qui fait mine de ne pas me voir et part dans une autre direction. Ses yeux noirs m'évitent, il baisse la tête. C'est la fin du rêve américain, je comprends enfin tout. Faut-il coucher pour vendre du vin à l'importateur ?

C'était sûrement le cas car il ne me commanda plus jamais de vin et je fus rayée de la page du grand critique l'année suivante.

Le sommelier que je croise aussi me tend sa carte en me disant :

– Vous êtes très belle, venez me voir à New York pour me présenter vos cuvées. Et je vous mettrai sur ma carte !

Voilà, mon expérience du grand critique des environs de Boston s'arrêta là, il me fallut quelque temps ensuite pour réaliser que c'était en fait une organisation très « business ».

On prend un vigneron typique (encore peu réputé), on achète tous ses vins et, dès qu'il a une note dans le guide, les vins sont réservés et la marge est triplée à ses dépens. Les importateurs ont les notes avant les commandes et les vignerons vendent à un prix basique des vins dont le prix va être multiplié jusqu'à dix fois grâce au critique.

Le vigneron est prisonnier et ne peut plus s'échapper de l'engrenage qui consiste à satisfaire la demande de l'importateur au risque d'avoir une mauvaise note s'il ne le fournit pas en quantité suffisante, car c'est lui qui demande les notes au critique ; il faut savoir que personne n'envoie des échantillons directement au critique réputé qui ne les dégusterait pas.

C'est donc la première fois de ma vie de vigneronne que j'aurai obtenu les fameuses notes du plus grand critique du monde… Mais la dernière, malgré l'amélioration chaque année de mes productions, saluées par la profession dans de nombreux pays et plébiscitées par mes clients fidèles.

Je m'amuse au fond de moi en imaginant encore la scène : si j'avais fait rentrer les deux prétendants dans la chambre d'hôtel à Mâcon, le sommelier et l'importateur nez à nez pendant que je me serais cachée dans un placard !

Ç'aurait été presque du Feydeau !

Quelques années plus tard le salon des vins du sud a pris de l'ampleur avec la demande croissante pour les rosés.

Je croise dans l'hôtel une vigneronne de l'appellation qui loge dans une chambre située juste à côté de la mienne. On dit qu'elle essaie de vendre son vin par tous les moyens. Elle a souvent montré des signes de jalousie. Elle a même dit à mon importateur en Angleterre qui me l'a rapporté qu'il ne fallait pas acheter mes vins qui étaient frelatés, afin de lui vendre les siens.

Elle ne fait pas les vins mais les confie à un maître de chai qui se charge de tout. Elle s'occupe essentiellement de la commercialisation.

Elle a la cinquantaine, des yeux bleus très clairs mais un visage rigide, elle s'habille avec soin et porte de longues robes.

Je me couche tôt ce soir-là épuisée par la journée, nous avons reçu de nombreux clients fidèles et je ne passe même pas à la salle à manger, je m'endors sans dîner.

Au milieu de la nuit je suis réveillée par des cris venant de la chambre de la voisine, je pense d'abord qu'elle est attaquée mais je comprends vite qu'il s'agit d'un autre type de cris du style miaulements, puis enfin un grand brame masculin imitant celui du cerf dans les grands bois accompagne soudain des cris plus intenses. Puis plus rien.

Je me rendors enfin, et le lendemain en ouvrant mes rideaux j'aperçois dans la chambre d'à côté deux yeux noirs qui scrutent le paysage par la fenêtre. Je reconnais immédiatement, à travers la vitre, mon importateur malgré quelques rides…

Comme dans d'autres cas je me réconforte, je sens en moi ce sentiment de liberté qui accompagne la fierté d'avoir rencontré le bonheur de vivre, les secrets de mon métier au plus profond de moi.

Lors de visites de caves, j'ai parfois discuté avec des vignerons qui ont été surpris d'être devenus subitement des stars après le passage d'un critique qui les avait encensés. Les plus expérimentés savent que le métier est dur et qu'il leur faudra un jour, lors de mauvaises années, retomber sur leurs pieds.

J'ai aussi dégusté de très grandes bouteilles, ce qui m'a permis de me faire un jugement à travers leurs réactions et de comprendre combien la concurrence est rude, car il y a de très grands vignerons dans toutes les appellations.

Depuis lors nous avons bien travaillé, nous sommes devenus prudents et aujourd'hui j'ai un nouvel importateur américain de grande classe. Il habite New York et ne pratique pas les méthodes de certains de ses collègues. Il m'impressionne car il déguste de manière très pro, et il est capable de reconnaître certains arômes très subtils que peu de connaisseurs savent déceler. Il avoue très volontiers que cela lui a pris des années de travail. Il est avec mon ami importateur au Danemark très amoureux de la France et de ses vins.

22.

Le renard

La jungle du vin accueille aussi d'autres animaux féroces.
Les affres de la déception
de celle qui a le sentiment de ne pas être comprise.

Il s'approche lentement de mon stand au salon des Grands Rouges de Provence et je sais déjà qu'il ne s'arrêtera pas devant le mien. Je reconnais ses cheveux noirs gominés qui forment une vague figée comme la visière d'une casquette au-dessus de son front. Ses yeux enfoncés et comme dissimulés font ressortir les cernes noirs qui soulignent son regard malicieux. Il porte un costume noir orné au revers de la veste du tastevin, le sigle des sommeliers, et une chemise blanche ouverte sans doute pour tenter d'afficher une certaine jeunesse.

C'est le sommelier d'un des plus grands chefs étoilés de Paris.

Il est pourtant toujours terne et gris, et ses lèvres comme une ligne mince horizontale traversant son visage sont fermées, masquées par son grand nez qui les domine et lui donne un faciès de renard. D'ailleurs, il se déplace comme un renard, louvoyant de gauche à droite, et il plonge ce grand nez dans les verres que les vignerons lui tendent l'un après l'autre, tremblants de peur, en attente de son verdict. Ils savent que son pouvoir est immense et ils redoublent d'efforts lorsqu'il se présente à eux.

Je les vois faire allégeance, tels de médiocres courtisans qui espèrent une faveur en retour.

Il est vrai que le succès de mon vin dans un des restaurants étoilés de son patron avait créé la surprise.

– Incroyable, disaient les clients. On dirait de la confiture de cassis !

Ils se photographiaient avec la bouteille, en montrant l'étiquette.

Même les membres du Club des Cent avaient été bluffés en le dégustant lors d'un grand dîner élaboré par le chef... C'était ma cuvée de rouge Étoiles 2010 qui dégage des arômes de mûre, de cassis et de réglisse. Elle a une texture douce et soyeuse, car je privilégie les tannins naturels du raisin qu'on obtient grâce au terroir d'altitude à 450 mètres et au climat de Provence.

Il avait demandé, par l'intermédiaire d'un agent, que je lui fournisse une grande quantité de ma cuvée Étoiles à prix « réduit ».

– Ce n'est qu'un petit coteaux varois, avait-il dit.

J'imaginais ses lèvres aiguisées comme des lames de rasoir prononçant ces mots avec un air hautain, celui des hommes qui ont l'assurance de détenir un grand pouvoir.

Il aurait fallu que je me soumette à sa demande pour obtenir de lui qu'il donne à mon vin le rang qu'il méritait. Il sait aujourd'hui qu'il aurait dû être classé et honoré comme un grand cru et aurait accompagné avec merveille les plats du grand chef.

Mais j'ai tenu bon. Et tous ses sommeliers ont eu l'interdiction de commander mes vins... Je me suis dit :

« Que sait-il du travail d'orfèvre nécessaire pour arriver

à ces cuvées que j'élève comme des enfants, depuis la taille jusqu'au ramassage grain par grain dans la nuit afin de garder les raisins frais, de la floraison à la véraison.

« Que sait-il de chaque geste qui est étudié, pensé, et construit, en accord avec la nature qui nous invite à l'accompagner dans la magie de cette transformation ?

« Que sait-il de ce magnifique terroir de dolomies calcaires du jurassique que nous avons exploré avec mon amie géologue ?

« Que sait-il de ma joie en découvrant les racines de mes syrahs plongeant à 4 mètres de profondeur où elles trouvent des éléments nutritifs datant de soixante millions d'années ? »

Ce sont ces éléments qui sont dans ma cuvée Étoiles. Le sait-il ?

Il paraît bien petit tout à coup dans ce salon.

Le visage est toujours fermé, voilà qu'il fuit comme le renard par petites enjambées, heureux d'avoir pu s'assurer de sa supériorité, son pelage gominé reluit dans les faibles lumières du soir. Il a bien pris soin d'éviter mon regard.

« Que sait-il encore des nuits passées pendant les vendanges dans le chai à étudier chacune de mes quarante cuves, que je soutire, assemble, observe, et réchauffe pour activer les levures, ou que je refroidis lorsqu'elles s'emballent ?

« Et de ces jours d'inquiétude, quand je crains que les vins ne révèlent pas ce que j'avais espéré, mais que tout à coup surviennent des arômes de lilas qui envahissent la cave et que je retrouve toutes mes forces. »

Il est alors appelé par d'autres sommeliers.

– Tu n'as pas goûté le rouge Étoiles de la Calisse, dit l'un d'eux.

– Une merveille d'arômes, dit un autre.

Il se fige et puis je vois de loin qu'il prend un air pressé et les évite.

Je devine son ombre qui dessine sur la moquette rouge une queue de renard. Je me dis alors que le sentiment de liberté que je ressens est une grande chance, je le dois à ce terroir de Provence qui m'apporte chaque jour tant de surprises.

Le lendemain, je suis heureuse d'avoir quitté ce salon parisien et de retrouver l'odeur des cyprès, du romarin et le silence de la nature. Je pense à tous mes clients dans le monde qui dégustent en ce moment ma cuvée Étoiles.

En arrivant ce soir, je crois que j'ai vu de loin un renard qui s'enfuyait vers la forêt…

23.

La dégustation à l'aveugle

Les dégustations à l'aveugle offrent la possibilité de comparer des vins de diverses origines ou de producteurs très différents.

C'est un jour de juin, j'arrive à Bordeaux dans l'antre du très prestigieux salon des vins Vinexpo.

La chaleur est intenable et me cloue au sol, l'immense parking à traverser sur plusieurs kilomètres est une épreuve.

Ouf, à l'intérieur, la climatisation a l'air de fonctionner. Je me dirige vers mon stand qui se trouve à l'opposé des grands châteaux bordelais avec l'ensemble des vins de Provence. Un stand de deux mètres sur deux, une table, trois chaises et un petit comptoir blanc en mélaminé avec un frigo : c'est le module standard mis à disposition par le syndicat.

Je déploie le large panneau que j'ai apporté, on appelle cela un kakémono ; sur sa face avant, une grande photo de mes vignes et des lavandes. Puis, je prépare soigneusement les bouteilles de mes différentes cuvées et les divers accessoires incontournables de la dégustation.

Mon stand ne se trouve pas dans l'allée centrale, mais dans une allée latérale et, face à moi, le grand espace regroupant les vins du Maroc.

On aurait peut-être dû négocier pour être plus au centre ; ce salon est tout en longueur et s'étale sur plusieurs kilomètres.

Le responsable du comité des vins de Provence me confirme qu'ils n'ont pas réussi à obtenir un emplacement plus central. Les organisateurs bordelais nous ont donc placés au bout du bâtiment, à l'opposé de l'entrée, et à la suite des vins italiens et espagnols face aux vins du Maroc.

J'installe quelques brins de lavande dans un petit vase en forme de globe en porcelaine blanche. Puis je décide de parcourir les allées avant l'arrivée des premiers clients.

Je découvre les exposants un à un, c'est une suite d'innombrables stands tous aménagés dans un style original, pour attirer les acheteurs professionnels. Certains invitent à la dégustation en reproduisant à l'identique le château qu'ils représentent. Les stands font parfois plusieurs centaines de mètres carrés et peuvent reproduire le château sur deux étages. Une hôtesse d'accueil élégante en talons hauts pointe les visiteurs qui ne sont acceptés que sur présentation de leur invitation.

Ici, ce grand château a reconstitué la copie de son chai ; ils ont installé des barriques afin de former comme un bar sur le gravier, la maison est un décor de théâtre avec le fronton de la façade dans laquelle on pénètre par une porte d'entrée majestueuse.

Là, des salles imitant l'intérieur classique des chais grandioses conçus par des architectes de renom, en forme de navire, tout en verre, ou à colonnades classiques.

– Madame, avez-vous votre invitation ?

J'explique que malheureusement je l'ai oubliée. Mais, à Bordeaux, on ne déroge pas aux règles, et la jeune fille m'accompagne gentiment vers la porte de sortie.

J'aperçois le maître de chai en costume bleu marine et cravate, ainsi que le propriétaire du château, chemise ouverte et mocassins Tod's, sans chaussettes ; ils se tiennent devant un comptoir en verre sur lequel ils ont disposé plusieurs jéroboams des plus grands millésimes. Des vendeurs assis sur des chaises en bois autour des barriques reçoivent des acheteurs du monde entier, Amérique, Asie… Tous sont fascinés par l'univers des grands châteaux bordelais.

Des tables recouvertes de nappes blanches sont installées le long de l'allée dans une salle où de larges baies vitrées donnent sur le lac, et des personnalités triées sur le volet, journalistes, acheteurs, sont reçues pour le déjeuner. Je vois de loin passer de magnifiques homards servis sur des plateaux en argent afin de mettre en valeur les grands blancs du château que les hôtesses versent délicatement dans de grands verres gravés au nom de la cuvée.

D'autres emplacements de négociants sont soigneusement décorés et affichent aussi des photos des domaines qu'ils représentent.

Et il y a enfin les stands des vignerons des régions plus modestes qui s'étendent à perte de vue.

Je sens comme un malaise devant l'immensité des lieux et retourne vers le mien, au bout du salon.

Dans mon espace un peu confiné, je dispose à nouveau mes bouteilles et je me tiens face à l'allée, à côté de mes brins de lavande dans leur vase blanc.

Qui donc va s'intéresser à mon petit vignoble de Provence ?

J'apprends que le soir même une fête des fleurs est organisée par un grand cru classé et que les plus importants acheteurs y seront présents. Je regagnerai pour ma part ma chambre d'hôtel peinte en beige dont le sol est revêtu d'une moquette rouge bordeaux et je me glisserai dans mon lit en pensant à ma terre de Provence qui me manque déjà.

Je ferme les yeux et je me revois à neuf ans dans la cave de mon père en train de ranger les différentes cuvées de ces domaines qui ont défilé sous mes yeux. Je verse celle que j'ai choisie dans les verres en cristal de ma grand-mère. Marcel fait le service de table, il me rejoint en apportant la terrine de lapin découpée et posée sur un plateau en argent cerclé de volutes, décorée par Léone à l'aide de brins de persil et de gelée. Il porte une veste blanche et des gants assortis et se penche du côté gauche de chaque invité en montrant fièrement le plat qu'il fait glisser vers l'avant. Il me fait un clin d'œil lorsque tel convive s'extasie de l'accord avec le vin. Il est heureux, car tous les plats contiennent les légumes ou les fruits qu'il a vus naître et qu'il a soigneusement sélectionnés.

L'ambiance est gaie, mon père fait le plus souvent un bref discours teinté d'humour, lorsque le grand brie de Meaux posé sur une planche recouverte de paille est présenté par Marcel. Les verres en cristal se lèvent, on applaudit.

De retour au salon le lendemain, j'arrive parfois à convaincre un passant égaré qui cherche son chemin de s'approcher pour déguster mes vins, et je mets toute mon énergie à raconter mon travail et mon terroir.

Je choisis en fonction de la personne, de ses envies et de son caractère, celui qui correspond le mieux à ses souhaits, plus floraux pour cet importateur belge ou plus boisés pour cet acheteur anglais. J'interroge, j'écoute et j'adapte mes explications à ce que j'ai décelé : voir, sentir, comprendre, interpréter… Celui-ci me semble intéressé plutôt par des rouges sur le fruit, aux prix doux ; je lui présente ma cuvée « tradition », aux arômes de griottes.

J'invite les personnes que je reçois à s'installer confortablement autour de ma petite table, ils sont rassurés, car ils sont épuisés après avoir visité cet immense salon. Ils se sentaient perdus. Je les amène à deviner eux-mêmes les arômes de mes vins. Je vois une lueur dans leurs yeux, je me concentre et les entraîne doucement vers la commande.

– Combien de bouteilles de cette cuvée aimeriez-vous que je vous réserve ?

– Je n'étais pas venu ici pour acheter des vins de Provence.

J'essaye alors de les convaincre qu'il n'y a pas que les vins de grands châteaux et que des arômes différents pourraient créer une offre diversifiée, mais attrayante dans leur gamme.

– Je n'ai jamais goûté quelque chose d'aussi original, me dit cet importateur chinois dans un anglais parfait, mais quels sont donc ces arômes ?

J'ai pris soin d'amener quelques confitures que mon amie Paule, de Villefranche-sur-Mer, qui est aussi la mère d'un écrivain que j'admire, m'offre chaque année : cerise, cassis, framboise, myrtilles, mûres. Il ne manque que la groseille à maquereau, et je les surprends en leur faisant apprécier ces goûts différents du jardin de mon enfance. Je leur fais découvrir des arômes de fruits qu'ils ne devinent pas toujours.

Je les conduis doucement à ne pas se contenter d'acheter une étiquette, mais à s'interroger sur les subtilités et l'originalité d'un vin.

Certains sont heureux de pouvoir s'asseoir au calme, c'est finalement l'atout de mon petit stand ; ils sont comme chez eux, et parfois je garde leurs affaires dans le vestiaire mis à disposition par le syndicat. Au fil des jours, les commandes s'ajoutent aux commandes dans mon cahier.

– Vos vins sont magnifiques, ils sont si parfumés ! me dit cet importateur danois avec qui je me suis liée d'amitié depuis de nombreuses années.

Ils se sentent bien dans ce petit coin de Provence recréé, car ils ont rencontré une part d'humanité dont ils avaient besoin, assis à ma table, le nez dans les arômes de fleurs blanches, près du petit bouquet de lavande.

D'autres passent par hasard et me regardent de loin en me faisant signe, ils se pressent vers les châteaux bordelais les plus réputés.

Un jour je vois de loin Jules, un de mes amis sommeliers d'un restaurant étoilé réputé. Je reconnais son sourire lumineux, il s'ouvre sur de grandes dents blanches, il porte le costume traditionnel de sa confrérie.

Il aime beaucoup mes vins et me dit parfois qu'ils valent autant ou plus que les plus grands.

Il a travaillé dans le laboratoire d'œnologie de Paul, il y a quelques années, il se souvient de mes débuts et me raconte souvent que lorsque les échantillons de mes jus en fermentation étaient ouverts sur la paillasse, leurs arômes très fruités envahissaient la pièce. Il adore ma cuvée de rouge Étoiles aux parfums de cassis et il impressionne ses clients chaque fois qu'il fait déguster mes vins.

– Je suis content de te voir, dit-il, je sors de plusieurs dégustations de grands vins principalement de Bordeaux, je prépare une dégustation à l'aveugle de quelques crus du millésime 2010. Cela se passe dans une grande salle de l'entrée, tu peux venir, il y aura des sommeliers et des chefs.

Il faut retraverser tout le bâtiment, je choisis de le longer par l'allée extérieure aménagée avec du faux gazon, il fait moins chaud, il est 18 heures. Laurent, mon directeur commercial, me remplace sur le stand.

Les invités sont accueillis par un sommelier qui contrôle leurs noms sur une liste. Cette fois, mon nom y est inscrit.

J'aperçois Jules très affairé, des tables sont installées avec quatre grands verres à pied et un crachoir pour chacun des invités. Je reconnais dans la nuée qui se presse autour des tables quelques chefs réputés, sommeliers et journalistes du vin.

Un grand écran derrière une estrade permet de présenter les différents châteaux en images. Sur une longue table blanche, les bouteilles sont posées, méconnaissables, leurs étiquettes sont dissimulées sous des espèces de chaussettes noires.

Jules annonce le début de la dégustation, il distribue à chacun un petit carnet.

– Le millésime de ces vins est exclusivement le millésime 2010.

Il sert les vins. Une trentaine d'invités prennent part à la dégustation dans un silence de cathédrale. Chacun inscrit ses remarques et note les vins.

Pour ma part je constate peu de couleur sur le numéro 2 et trop de bois sur le 4. C'est toujours très difficile de déguster à l'aveugle, mais cela permet aussi d'être plus objectif.

Arrive le numéro 7, très foncé, coloré, il a une couleur plus profonde que les autres.

J'applique la méthode apprise avec l'œnologue Paul :

voir, sentir, goûter, interpréter. Je décèle dans ce vin des arômes de fruits noirs et une grande matière.

– Tiens, c'est pas mal, cette cuvée me paraît réussie, car elle a des arômes puissants.

Je constate que les invités sont surpris aussi et certains écrivent de longs commentaires après avoir pris le temps de la dégustation.

Il y a le sommelier d'un grand chef de Marseille. Il passe souvent me voir sur mes stands dans les salons et j'essaye de le convaincre de la qualité de mes vins.

– Tu sais, les clients du restaurant ne veulent pas goûter un vin de Provence, ils cherchent des grands crus.

– Ah ! Je comprends, mais tu pourrais peut-être leur faire goûter ?

Je sais que le combat est perdu et je dois en plus écouter le récit de ses aventures galantes avec ses différentes maîtresses. Il faut s'en méfier, car s'il ne vous aime pas (encore un autre !), il est capable de vous démolir.

– Toujours amoureux d'Annie ? dis-je, en faisant semblant de porter attention à ses histoires de cœur.

– Non, mais de temps en temps, elle m'appelle et j'y vais. En ce moment je préfère Suzie, une vraie tigresse.

– Je vois, tu es très sentimental !

Et parfois, il reste plusieurs heures à me parler, il se venge du néant de sa vie en abusant d'un faux pouvoir qui lui permet de croire qu'elle est réussie. Il ressemble à une couleuvre et souvent je me cache pour l'éviter.

Le numéro 15 arrive, Jules demande à chacun de donner sa classification et les notes.

La plupart sont très bonnes pour le numéro 7. Matière, puissance arômes de fruits noirs.

– Ce pourrait être un médoc sur des terroirs de cailloux,

encore jeune, mais prometteur, décrit la couleuvre à la demande de Jules.

Je reprends le verre que j'avais gardé sur le côté, et en plongeant à nouveau mon nez, je reconnais des arômes de réglisse et de cassis qui ressemblent à ceux de la Calisse.

Je me trompe sûrement, je regarde Jules qui croise mon regard, son visage et ses dents se détachent devant l'écran à travers l'image du terroir d'un château du Médoc. Il quitte son pupitre et se dirige vers moi.

Non, ce n'est pas possible, il n'a pas pu faire ça !

Sur l'écran soudain apparaissent mes vignes et mes rangs de lavandes.

– Le numéro 7 est un vin de Provence ! Je suis ravi d'accueillir Patricia Ortelli, du château la Calisse.

Les invités applaudissent, la description des autres vins de grande qualité se poursuit et le numéro 11 me rappelle le château Talbot de la cave de papa que je servais dans mon enfance avec la poularde aux morilles de Léone.

Je vois la couleuvre se faufiler et quitter la salle avant la fin des commentaires. Jules est heureux de son coup.

– Parfois, il faut remettre les pendules à l'heure, dit-il, très fier de lui.

Cette bonne blague me rend folle de joie, je traverse le grand hall vaillamment en passant devant les grands châteaux, je me sens heureuse et confortée dans mes choix.

Plusieurs importateurs m'attendent déjà sur le stand et Laurent m'annonce quelques commandes supplémentaires.

Le soir, je dîne avec Jules et Laurent, nous échangeons en cachette la bouteille servie dans le restaurant avec une cuvée Étoiles 2008, toute en rondeur et en douceur, aux arômes de mûre et cassis.

Les dents de Jules ont pris la couleur pourpre de mes

raisins, et, en le regardant je me vois dans le jardin extraordinaire, mes doigts cueillent les grains bien mûrs et se teintent. Ses yeux brillent de joie et nous rions ensemble en revivant la dégustation à l'aveugle.

Le lendemain en rentrant en Provence je me dis que le travail que je fais est du domaine de l'impossible. Comment convaincre les gens de la qualité de mes vins alors que la plupart ne savent pas déguster ? J'imagine les peintres qui n'ont pas été reconnus durant leur vie. Encore une fois, je me dis que c'est comme si j'exposais ma toile dans une pièce sombre…

Puis je me réconforte en pensant que le bonheur est bien plus considérable de partager ce secret avec ceux qui ont su le découvrir même s'ils sont peu nombreux.

En effet, je ne souhaite pas la starisation de mes vignes et de mon vignoble. L'immense plaisir que me communique mon terroir est d'une autre nature. La liberté que je ressens en regardant mes rangs de vigne est plus importante, et à choisir, mon stand décoré par mes brins de lavande vaut bien mieux qu'un autre bien plus grand, en carton, si prétentieux.

Mon père me glisse à l'oreille, un jour, alors que je lui demande la liste des invités :

– Il y a Tartarin.

On l'appelle comme cela, car il se pend pour un grand connaisseur de vins et un immense chasseur. C'est un voisin, il arrive à la chasse habillé en caricature ; il porte un knicker et des chaussettes à pompons jaunes, il a le plus beau fusil, un Purdey calibre 16, qu'il nettoie et expose, mais visiblement ne sait pas s'en servir.

– J'ai tiré un faisan, j'ai dû le blesser, dit-il pour s'excuser de l'avoir raté.

Il dit avoir une magnifique cave de grands crus.

– Ce sont les plus chers et les meilleurs !

Je prépare ce jour-là dans l'office un châteauneuf-du-pape qui s'accordera bien avec le sanglier aux marrons. Au dernier moment, avant le service, papa me rejoint, il se dirige vers le placard et sort une bouteille de Villageoise, un vin médiocre et me la tend en riant.

Je verse le châteauneuf-du-pape dans une carafe et remplis la bouteille avec le grand cru de « Villageoise ».

J'arrive quelques instants plus tard dans la salle à manger en tenant comme d'habitude le flacon penché dans son panier. Je sers religieusement dans chacun des verres le vin que je reconnais à sa couleur pâle, presque bleue.

J'observe en coin Tartarin qui porte le sien à ses lèvres. Je lui présente la bouteille en me retenant de ne pas éclater de rire et en évitant le regard rieur de mon père.

– Quelle merveille, ce grand châteauneuf-du-pape ! Je le reconnais bien, dit-il, très honoré, il a du « corps », il a de la « cuisse ».

Je me retire dans l'office et laisse libre cours à mon rire que je ne peux plus contrôler. Mon père me rejoint quelques minutes et nous redoublons de rire en chœur !

Je ne pensais pas, à neuf ans, que bien plus tard je retrouverais sur ma route des dizaines de « Tartarins » qui ne comprennent que les étiquettes !

24.

La vigne malade

Le choc de la maladie de la vigne.
Encore plus difficile quand on applique strictement les méthodes de la culture biologique.

Depuis plusieurs jours je regarde tomber la pluie, elle ruisselle le long des chemins, la terre ne pouvant plus rien absorber.

Nous sommes à un moment crucial : la floraison.

J'ai vu apparaître çà et là des petites taches de mildiou sur les feuilles. Mohamed ne peut plus faire ses traitements à la bouillie bordelaise, le tracteur s'embourbe en passant dans les rangées.

Il fait humide, je referme mon blouson et je vais faire un tour dans les grenaches, le cépage le plus sensible à cette maladie revenue des Amériques dans les bagages de Christophe Colomb ; un champignon parasite qui attaque toutes les parties de la vigne.

– Sale temps, dis-je à Fabien, le jeune œnologue qui travaille au laboratoire.

– Pourvu que cette pluie s'arrête.

Une pluie permanente, comme dans le pays de ma jeunesse, lorsque j'étais dans mon arbre et que je regardais ruisseler l'eau sur les feuilles du chêne sur fond de brouillard. Les gouttes tombaient sur mes joues roses et dans mes yeux grands ouverts dirigés vers le haut du grand chêne. Je restais là de longues heures, blottie contre l'écorce, attentive à tout.

J'arpente les rangées, pensive, je remarque que certains pétales des fleurs commencent à se ternir, à griser. Je me tourne vers l'ouest d'où vient le mistral quand il se lève. Pas un coin de ciel bleu en vue, des nuages gris et cotonneux qui semblent faire corps avec les grands pins. Des cyprès s'échappent des brumes épaisses, comme une fumée blanche. Rien ne me semble présager une amélioration des conditions. La terre colle à mes pieds, certaines feuilles de vigne sont déjà tombées au sol, attaquées par le champignon.

Je passe rapidement par la cave pour jeter un œil au remplissage de mes barriques. On appelle cette opération l'ouillage, il faut vérifier constamment chaque barrique.

Un immense sentiment de lassitude m'envahit. Je pense à tout le mal que Laurent, Mohamed et moi nous nous donnons. Est-ce vraiment utile de continuer à s'investir autant dans la voie de la perfection, alors que je remarque que les vignobles tout autour de nous sont achetés par des grands groupes qui ont un marketing international que nous n'aurons jamais ? Est-il temps de changer de piste ? Les ventes se font de plus en plus en box de trois, associées à des thèmes idiots : « Vin rosé pour déguster avec un déjeuner vegan… »

Je me sens bien éloignée de cette vision sectaire et étroite de la vie. Je me couche ce soir-là dans des draps humides, et je m'endors en écoutant le battement incessant de la pluie sur les tuiles de la vieille bastide.

Je me réveille le lendemain, un peu rassurée en n'entendant que faiblement les ruissellements du toit. J'enfile mes bottes, je me glisse en vitesse dans les habits de la veille encore humides et boueux et j'avale en hâte un café.

En avançant dans les rangées, un malaise intense m'envahit peu à peu ; je remarque que les petits pétales blancs de mes fleurs ont été dévorés par le champignon.

Le mildiou est comme une force invisible qui détruit tout sans pitié à la rapidité de l'éclair. Le calcul est vite fait, la moitié de la récolte est perdue, plus ce qui avait déjà gelé. Il nous restera seulement 25 %.

Je me sens vide et inutile. Cette fois, c'en est trop, je rejoins mon équipe, tous sont également dévastés.

– Non, il y aura peut-être plus que ça, me dit Mohamed, voulant se persuader lui-même.

Je regarde de loin, les vignes sont ternes et tristes, les feuilles attaquées présentent des taches brunes et ont perdu tout leur éclat. La pluie continue sous forme de bruine fine ininterrompue, lancinante et obstinée.

– Nous ne pouvons rien contre le temps, dis-je pour me convaincre que la faute ne vient pas de moi.

Et pourtant j'ai quand même le sentiment que nous aurions pu traiter autrement, à la main, avec des sulfateuses à dos...

Le mal est fait, le lendemain le soleil revient, la maladie ne progressera pas, mais la récolte sera très modeste. Il faut espérer que la plante n'aura pas de séquelles, dans la mesure où la maladie vient de détruire les fleurs, mais, en éliminant ce lien, elle supprime des éléments qui la font vivre, car les fruits produisent des sucres pour sa survie, au début. Elle risque d'être affaiblie.

Ma vigne va-t-elle survivre ?

Ces mots m'émeuvent encore aujourd'hui.

Tout n'est pourtant pas perdu à jamais dans la nature, elle ne nous abandonne pas, elle nous donne des signes d'espérance qu'il faut chercher, mais que je ne trouve pas tout de suite.

Je décide de partir pour Paris dès le lendemain. Finalement, la vie parisienne est plus tranquille et agréable. Je vais rappeler mes amis d'enfance avec lesquels je n'ai plus beaucoup de contact, si absorbée par mon travail toutes ces dernières années.

Dans le TGV qui traverse la Provence, je remarque au-dehors le désastre du mildiou dans les vignes sur des kilomètres. Ce maudit champignon a envahi la région.

En face de moi, un homme avale, le nez à la fenêtre, comme un robot, un sandwich triangulaire bien sec et sans saveur. Il ne s'en rend même pas compte. Pour moi, plus rien n'a de goût. « Adieu veau, vache, cochon, couvée »… je ferme les yeux dans le tunnel qui précède l'arrivée à Paris.

Rien à voir, à sentir, à goûter, rien à créer. Pas de pinceaux, pas de peinture. Confisqués par le mildiou…

Je contacte mon amie Sylvie et nous organisons un déjeuner au Flandrin, dans son quartier. J'arrive à l'avance et m'approche d'une table recouverte d'une belle nappe blanche, bien repassée. Le serveur m'invite à m'asseoir sur un siège en velours beige, qu'il me présente avec élégance.

Je jette un œil à la salle, je crois que je reconnais un ancien ministre, un peu vieilli, il tient dans ses bras un petit chihuahua. Sa femme, blonde élégante, maintient une frite entre ses doigts qu'elle lui tend dans la bouche, une pour le chien, puis une pour le ministre. Il est silencieux, éteint. Elle, semble heureuse. Je la félicite pour son si joli petit chien. Elle est ravie de l'intérêt que je lui montre et m'explique tout ce qu'il est capable de faire, par exemple de remercier d'un salut de la tête lorsqu'elle lui donne une frite. Le ministre aussi remercie d'un salut de la tête…

Mon amie arrive soudain. Il me faut cinq bonnes minutes pour la reconnaître. Son visage est un peu enflé mais rayonnant. Elle devine que j'ai remarqué quelque chose.

– Tu sais, j'ai trouvé le meilleur chirurgien esthétique, il est superbe et tellement efficace. Depuis je suis une autre femme.

Pendant le temps du dîner, nous égrenons quelques souvenirs de blagues et de partage en dégustant un bourgogne servi trop chaud, boisé et insipide.

Elle me fait part de ses nombreux projets.

– Je vais peut-être ouvrir une galerie dans le Marais, je cherche une salle.

– Tu penses exposer qui ?

– Des jeunes artistes, que j'ai découverts, et qui font des trucs très originaux.

Elle me décrit le style de chacun et me pointe quelques photos, certains font des toiles vivantes avec des objets courants scellés, comme des fourchettes ou des capsules de café.

– Ça rappelle la vie de tous les jours ! C'est rassurant en fait, lui dis-je, très concentrée sur les images qu'elle fait défiler une à une.

– C'est très original, il faut que tu viennes à la maison, j'ai quelques œuvres à te montrer.

– C'était sympa de se revoir.

– Au fait, et toi ? Toujours à fond dans tes vignes ? Je passerai te voir quand j'aurai un peu de temps.

Nous nous quittons après un bon dîner et la note qui suit me fait revenir vers la vraie vie.

Je me sens un peu déconnectée du monde que j'ai quitté il y a de nombreuses années, prise dans ce nouveau monde qui m'a appelée et capturée.

En marchant dans la rue, j'observe ces « embarras de Paris » qui me rappellent ma jeunesse du temps où j'allais à l'école dans mon uniforme gris. À chaque pas, je rêvais de retrouver mon jardin extraordinaire et, au prochain repas, lors du service les vins que j'aurais préparés.

– Il est temps de boire ce saint-émilion, avait dit papa. Il y aura mon ami député dimanche, et mon autre ami d'enfance des Roches, on leur fera goûter.

– Peut-être avec les perdreaux aux girolles ?

Il fait doux, je sens l'odeur de l'asphalte, les marronniers m'offrent au regard leurs belles fleurs comme pour me narguer. Quelques freesias en fleurs, aussi, dans un vase posé dans ma chambre me réconfortent.

Devant ma glace, avant de me coucher, je remarque les rides qui apparaissent sur mon front et mes joues, et quelques cheveux un peu gris.

Je prends conscience de ce que durant toutes ces années la vigne m'a absorbée dans un autre monde. Je ne me suis plus regardée dans la glace mais ce que je vois tout d'un coup est le reflet serein de toutes les aventures qu'elle m'a conduite à entreprendre pour elle ; nous verrons bien la suite.

Je décide de reprendre le train dès le lendemain, car il faut maintenant s'occuper des raisins qui auront survécu.

Avec le peu de raisins que nous avons, essayons de faire le plus grand vin !

Ce sera le grand rosé du millésime 2018.

*

25.

Les enfants

Quel plaisir que celui de capter l'intérêt de jeunes citadins et de leur expliquer la Nature dont les villes et la civilisation les écartent.

C'est un jour de très beau temps de mars, l'horizon est clair, les terres labourées paraissent nues juste avant la sortie de la végétation, l'ensemble des ceps laisse entrevoir de petits bourgeons verts, scintillant sur un ciel bleu azur.

J'avais promis à mon ami Antoine de recevoir le groupe de l'association qui aide des enfants dans les cités de Marseille pour leur faire découvrir la vigne et le vin. Je leur ai prêté la petite maison, à côté de la bastide, quelques jours. Ils sont arrivés hier, une dizaine d'enfants, les organisateurs, les bénévoles et quelques mères. Un autre groupe doit nous rejoindre conduit par de jeunes animateurs.

Je rentre à peine de Paris et j'espère être à l'heure. Je repartirai ce soir à la montagne pour quelques jours avant le démarrage de la commercialisation des nouveaux millésimes.

En arrivant à l'entrée du chemin qui mène au domaine, je découvre de loin des enfants qui courent dans les vignes, et d'autres, sur des vélos, avec ceux de Mohamed. Ils semblent heureux, je m'approche des organisateurs, ils m'attendent pour la visite du vignoble.

Que vais-je leur dire, ni trop scientifique ni trop compliqué ?

Nous nous regroupons tous devant la bastide.

Je leur propose de commencer par un tour de vigne. Ils sont prêts et semblent attentifs.

Dans les syrahs du bas, j'aperçois Mohamed qui déchausse les vignes, opération difficile pour aérer la terre au pied des ceps. Je constate que le tracteur intéresse toujours les enfants.

– J'en ai déjà vu un au bled, me dit l'un des enfants très fier de montrer sa connaissance.

Mohamed leur explique le travail qui consiste à déchausser : labourer au pied de la vigne pour aérer la terre, et, tout au long de l'année, la taille, l'ébourgeonnage…

Je prends alors une motte de terre humide dans les mains :

– Ce morceau de terre contient la nourriture de la vigne.

Ils observent, la terre devient soudainement à leurs yeux une chose importante.

Nous partons vers les grenaches blancs dont les bourgeons sont déjà visibles.

– Les raisins sont aussi présents dans ces petites pointes vertes.

Tous se penchent avec curiosité vers les bourgeons.

– C'est le moment le plus dangereux, ces bourgeons sont très fragiles, le risque principal est le gel, jusqu'aux saints de glace.

Ils me regardent, interrogatifs.

– Qui connaît les saints de glace ?

Ils ont disparu du calendrier, on les a remplacés par des saints correspondant à des prénoms plus actuels. Ils arrivent à la suite des cavaliers, ce sont les saints Mamert, Pancrace, et Servais. Pendant cette période, les risques de gel sont importants.

Je pose quelques questions simples sur la nature : ils sont heureux de trouver les réponses.

Une petite fille court vers moi en portant une fleur jaune.

– C'est un cadeau pour vous.

Elle est fière de m'apporter cette fleur.

Une idée me vient à l'esprit.

– Savez-vous que le raisin est une fleur avant de devenir un fruit ?

Les regards des enfants se fixent de nouveau sur les bourgeons, leurs visages prennent un air surpris.

Ils pensent au raisin qu'ils trouvent dans les supermarchés dans des barquettes en plastique.

– Une fleur ?

Je m'arrête là. Ils retiendront peut-être qu'une fleur se transformera en fruit…

Nous remontons le long de la forêt, les enfants me suivent, ils sont contents. Nous nous dirigeons vers la cave.

Je réfléchis à quelques idées. Je repense alors à cette journaliste de mode : elle était venue me rendre visite un jour d'hiver et nous avions marché dans la même forêt. Elle m'avait dit :

– Moi, quand je suis devant un paysage comme ici je me sens perdue. C'est très beau, toute cette forêt, mais j'ai une impression de vide. Je dois d'ailleurs rentrer à Paris. En plus, le réseau marche mal.

Pour ma part, des millions de choses me viennent à

l'esprit devant ce paysage de Provence, quel que soit le temps, quelles que soient les saisons.

Je choisis de parler de la fermentation devant mes cuves en inox et je m'adresse à eux.

– C'est la transformation des sucres en alcool, le jus de raisin se transforme en vin, c'est un phénomène naturel, inévitable.

Tous semblent intéressés, et attentifs. Je décide donc d'aller un peu plus loin.

– Dans chaque cuve le jus des raisins que j'ai choisis dans les parcelles en fonction du cépage et de la maturité, devient un vin grâce au travail des levures. Au fil du temps, j'assemblerai les vins de certaines cuves avec d'autres. Le mariage a ses secrets, car parfois deux cuves qui nous semblent sans trop de consistance vont donner les plus grands vins une fois assemblées.

Je les entraîne ensuite dans le chai à barriques peu éclairé, ils m'y suivent en silence. Je me place entre deux barriques dans la pénombre, ils sont tous serrés autour de moi. Je leur dis mon inquiétude du gel, des maladies…

– Nous avons perdu l'an dernier la moitié du raisin, à cause du mildiou, un champignon qui a détruit les fleurs.

Ils semblent ressentir ma tristesse.

– Il faut croiser les doigts pour la prochaine récolte, c'est un métier difficile. La nature ne nous obéit pas toujours, nous dépendons d'elle.

Je vois briller leurs yeux, fixés vers moi qui suis dans la pénombre, leurs petits doigts se croisent.

Je me dis à cet instant que nous prions en quelque sorte tous ensemble pour que la prochaine vendange soit belle. Ils ont compris, me dis-je : le raisin vient d'une plante qui nourrit un fruit après avoir été une fleur, une fleur fragile.

Je décide d'aller encore plus loin, je leur parle de l'autolyse des levures.

– Lorsque les levures ont terminé leur travail, il n'y a plus de sucre, elles s'autodétruisent, disparaissent. La nature est bien faite, elle a tout prévu. Au moment de cette disparition, elles libèrent dans le vin de nombreux arômes qu'elles ont emmagasinés au cours de la fermentation. C'est à ce moment précis que j'effectue les bâtonnages, je crée un mouvement qui brasse les lies afin de récupérer le plus d'arômes possible. C'est la magie du vin…

Leurs yeux sont comme des lumières dans le chai à barriques toujours bien sombre. J'enchaîne avec quelques éléments sur la dégustation.

– Qui peut me dire ce qu'est le goût ?

Pas de réponse.

– Sentez-vous les parfums quand vous avez un rhume ?

Je continue avec un bref résumé sur le goût, les arômes, les saveurs.

Tout le monde est attentif ; les enfants, les mères, les organisateurs. Je leur propose une dégustation. Nous ouvrons une bouteille de cuvée Étoiles, ils mettent en pratique la méthode que je leur ai expliquée, celle si importante qui consiste à : voir, sentir, goûter… et interpréter.

Même les enfants sentent les arômes de cassis dans les verres. Les plus grands se régalent en analysant tout ce qu'ils ressentent en dégustant.

Je me dis en moi-même : « Ils repartiront avec des souvenirs d'un monde qu'ils ne connaissaient pas. La vigne, la transformation du raisin en vin. Le goût, grâce au nez qui permet de reconnaître les arômes : cassis, pamplemousse, mangue… »

En roulant vers la montagne je suis heureuse d'avoir partagé avec ce groupe quelques moments de grâce. J'ai été très surprise de leur curiosité, de leur attention, bien plus intense que celle de bien d'autres personnes que j'ai reçues à la Calisse.

Je me souviens encore de la journaliste de mode. Elle m'avait rappelée quelque temps après son retour à Paris.

– Tu sais, je viens d'assister à un défilé du grand couturier dont je t'ai parlé, c'était superbe.

Elle avait l'air au comble du bonheur.

– Il a reconstitué une forêt au Grand Palais pour le défilé, tu n'imagines pas comme c'était beau !

La forêt reconstituée à Paris lui semblait plus belle…

Quelques jours plus tard, à la date d'un des « cavaliers », un dimanche de début mai, je reçois une alerte sur mon portable : « Gel annoncé pour cette nuit. »

Mohamed se précipite pour installer des ballots de paille dans les parcelles plus fragiles dans le bas du domaine ; les merlots, les grenaches des Valettes. Il faudra les brûler vers 5 heures du matin si le thermomètre descend au-dessous de zéro. La fumée réchauffera un peu les jeunes rameaux et les futures grappes très fragiles à peine sorties des bourgeons.

Ouf, la nuit est passée, le thermomètre est resté au-dessus de zéro. Je repense à tous ces petits doigts croisés dans ma cave de barriques.

Attention, dans quelques jours… les saints de glace !

26.

Le chroniqueur

« L'homme est de glace aux vérités,
Il est de feu pour les mensonges »
(Jean de la Fontaine).

C'est un week-end du 1er mai, et nous sommes présents comme chaque année au salon des vignerons de Cagnes-sur-Mer.

Cela fait presque vingt ans maintenant que je participe à ce salon et j'y retrouve mes clients de la région, dont quelques sommeliers et restaurateurs. Ils y découvrent les vins du nouveau millésime et surtout mes rosés qui ont de plus en plus de succès.

J'ai enfin quelques secondes pour moi, je trouve un banc sur lequel me reposer et goûter la belle journée ensoleillée qui va s'évanouir sans que nous ayons pu en profiter, car nous sommes enfermés dans le hall du grand hippodrome.

Ouf, une petite pause, car chaque client qui passe au stand souhaite me parler, me voir, me donner des nouvelles de la famille… C'est un moment important pour eux : certains ont économisé toute l'année pour acheter quelques bouteilles.

Je suis enfin silencieuse et tranquille depuis quelques minutes, quand le journaliste gastronomique qui m'a agressée apparaît dans la foule, je le vois marcher dans ma direction.

Zut ! il m'a repérée.

Hélas, il s'approche et s'assied à côté de moi, sur le même banc.

Je sais ce qu'il va encore me dire, il reprend l'air supérieur de tout à l'heure. Je devine ce qu'il pense :

« Encore la vigneronne du Haut-Var qui veut rester en bio ! »

Je fais mine de prendre le soleil les yeux fermés. À quoi cela servirait-il de lui expliquer ?

Bien sûr, il leur fallait une doctrine, et ils ont trouvé celle de Rudolf Steiner, philosophe et occultiste, principalement connu comme fondateur de l'anthroposophie, une doctrine spirituelle qu'il appliqua dans le domaine de l'agriculture aux environs de 1920. Cette doctrine a été contestée, mais elle réapparaît depuis quelque temps, souvent véhiculée par des « chamans » que je vois manipuler des salles entières en agitant leurs bras et en prétendant qu'ils ont une relation privilégiée avec les astres. Certains journalistes se jettent sur cette occasion d'attirer des lecteurs qui vont dévorer leurs articles sur le sujet.

Les promoteurs de cette nouvelle idéologie fournissent aussi des calendriers lunaires et toutes sortes de tisanes (camomille, valériane) censées stimuler la plante.

Moi, la camomille, ça m'endort ! Pauvres vignes ! Pourriez-vous les laisser tranquilles ?

Je vois soudain qu'il porte des chaussures vernies vertes et une grande ceinture assortie, et se rapproche. Pourquoi est-il venu s'asseoir là ?

Monsieur le spécialiste de la nature, la vigne est une plante, *Vitis vinifera*, qui appartient à la famille des lianes. À mon avis, elle n'a aucun besoin de recevoir des décoctions de tisane, et ceux qui prétendent que ces tisanes ont une utilité pour elles sont des menteurs qui ont une fausse idée de la nature.

– Je viens de déguster un vin biodynamique de Bellet très réussi, me dit-il.

Oui, je connais ce vigneron ; un gentil garçon qui pense qu'en appliquant ces méthodes, il améliorera ses vins.

Il parle de « déguster » alors qu'il ne connaît pas les critères de base pour juger un vin ; il lui faudrait vingt ans de pratique pour éduquer enfin son nez.

Sait-il, par exemple, qu'au cours des dégustations à l'aveugle, ces vins biodynamiques ou pseudo « nature » présentent aussi des défauts, voire les collectionnent : augmentation de l'acidité volatile, manque d'équilibre, développement de levures brettanomyces et leurs arômes de cuir, d'écurie, de sueur, de pharmacie et de plastique, connus de toutes les écoles authentiques d'œnologie.

Ce garçon ne maîtrise rien et il cherche à nouveau à m'agresser. Il est contre les règles de l'art qui depuis Pasteur ont été prouvées scientifiquement.

J'ai été une des premières à appliquer les méthodes de l'agriculture biologique, et je n'éprouve pas le besoin d'ajouter aux bonnes pratiques, définies selon des règles scientifiquement établies. La vigne est cultivée sans engrais chimiques, sans pesticides, et le vin est vinifié sans intrants non biologiques ; un cahier des charges précis détermine les règles à suivre et les bonnes pratiques autorisées qui se suffisent à elles-mêmes pour créer un vin le plus respectueux de la nature.

Ils prétendent aller plus loin que l'agriculture biologique, alors qu'ils sont parfois en pleine régression moyenâgeuse.

Les discours faussement savants de mon voisin de banc ou de ses confrères finissent par persuader les ignorants que, grâce à la biodynamie, le vigneron est en relation avec les planètes ! Certains vignerons en panne d'arguments se laissent convaincre ; ils se sentent happés vers le cosmos et devenir des stars.

Pourquoi continuer à lui expliquer qu'il désinforme en colportant des fables ? Est-il compétent et capable de déceler la supercherie ?

Puis il se lève, content de prétexter un appel téléphonique qui lui évite de me saluer.

L'autre jour, un ami journaliste aussi m'a raconté l'histoire d'une émission filmée dans un grand château bordelais qui avait choisi la biodynamie pour faire l'attraction.

On avait harnaché un cheval pour répandre des bouses de corne de vache dans les rangs de vignes. Le cheval devait être dirigé par une jeune femme aux longs cheveux blonds dans une robe blanc immaculé.

Arrive le jour du tournage et de la venue des journalistes ; pas de chance ! le cheval refuse d'avancer dans les rangées.

En réalité, me raconte mon ami, ils utilisent habituellement des tracteurs rutilants qui étaient soigneusement cachés dans de magnifiques hangars.

À ce stade de ma réflexion et un peu ennuyée d'avoir été trop rude avec le chroniqueur, je décide de récapituler à froid l'état des lieux des nouvelles pratiques de la conduite des vignes et de la vinification.

Trois méthodes principales : la viticulture biologique, la biodynamie et les vins « nature ».

La certification en agriculture biologique interdit le recours aux produits chimiques de synthèse (ou systémiques) et aux OGM. Les fertilisants sont autorisés mais doivent être exclusivement d'origine naturelle (engrais verts, composts, etc.). Aucun désherbant n'est autorisé. Le cuivre et le soufre, produits ancestraux, sont autorisés à doses très faibles pour contrer le mildiou et l'oïdium. À la cave, le cahier des charges interdit tout ajout d'intrants non biologiques dans les vins. La production en agriculture biologique est encadrée depuis 1991 dans toute l'Union européenne par un cahier des charges précis. Des contrôles annuels sont réalisés par des organismes certifiés (ECOCERT). Cela est vrai pour toutes les productions biologiques qui concourent à la production d'aliments.

Les vins en biodynamie sont aussi des vins biologiques certifiés mais ceux qui ont adopté ce label privé y ajoutent en complément les méthodes de l'agriculture biodynamique, inventée dans les années 1920 par l'autrichien Rudolf Steiner, fondateur de l'anthroposophie. Leur application se traduit en pratique par des ajouts de préparations à base de tisanes (valériane, ou bouses de vaches conservées sous terres dans des cornes de bœuf). Aucun rapport scientifique ne précise l'utilité de ces pratiques. Un calendrier lunaire vendu par des organismes liés à Déméter (association de vignerons) donne aux vignerons des dates impératives de travaux susceptibles d'améliorer la qualité de leurs vins. Ces aspects un peu hermétiques sont contestés car il a été démontré que la lune ou les marées ont peu d'action sur la vigne, et si oui, elle est faible ou peu quantifiable. L'action des autres planètes est nulle. Pas de règles précises dans la cave en complément de celles des vins biologiques.

Pour les vins dits « méthode nature », le viticulteur utilise le cuivre et le soufre dans la vigne. Dans la cave il a le droit d'ajouter du soufre (SO_2). Cependant le vin nature n'autorise pas ou très peu les intrants ni les techniques visant à modifier le jus originel – mis à part le soufre. Le vigneron en vin naturel utilise uniquement les levures « indigènes » présentes de manière hasardeuse sur les raisins et qui sont transportées par le vent ; elles peuvent provenir d'autres sources que le raisin ramassé, par exemple les levures des raisins d'autres voisins, ou d'autres lieux de fermentation. Ces levures sont parfois agressives et peuvent exterminer (killeuses) les autres levures présentes naturellement mais qui permettent d'obtenir à mon sens des vins plus fins. Les levures indigènes produisent durant la fermentation une quantité parfois importante de soufre qui dans ce cas précis est inopérant et vient charger le vin comme un intrant ajouté, contrairement à ce qui est revendiqué. Le vigneron en culture et « vin biologique », comme moi, une des premières en Provence depuis trente ans, peut sélectionner la levure qui correspond le mieux à son terroir, il a une meilleure connaissance et un contrôle plus précis de l'évolution de ses vins : ainsi, en règle générale, un vin nature, malgré son nom de « méthode nature » pourra contenir plus de soufre total qu'un vin simplement BIO. C'est ce qui est paradoxal. Celui qui proclame qu'il fait un vin « nature » sans action de l'homme est en contradiction avec la définition même du vin, car un vin s'élabore grâce à l'action de l'homme.

Une grande confusion règne entre ces trois familles dans l'esprit des amateurs de vin qui n'ont pas l'expérience de la vinification ni du travail de la cave.

Dès la création de mon vignoble, j'ai pris le parti

d'adopter le vin biologique parce qu'il garantit plus de contrôles au consommateur et plus de technicité au producteur dans la conduite des fermentations et de la vinification. J'ai pu constater au fil des ans que les vins élaborés de la sorte se montrent très supérieurs autant aux méthodes traditionnelles qu'aux nouvelles modes. Ces méthodes qui permettent à la technique de rejoindre la tradition et le respect de la nature, sans exagération, donnent au vigneron tous les outils pour atteindre les meilleures propriétés organoleptiques.

Sans aucune intervention de l'homme, et jusqu'à Pasteur, le vin se transforme très vite en vinaigre. La présence d'éthanal ou d'acidité volatile, souvent liés à l'action des levures indigènes non contrôlées peut rendre un vin non « loyal et marchand » selon les termes de la réglementation de la répression des fraudes.

En conclusion, chaque méthode est respectable, mais d'un strict point de vue technique il est faux de laisser les adeptes de la biodynamie ou du vin « nature » prétendre faire plus « bio » que « bio » ! Cela est parfaitement usurpé, même si l'image trompeuse du cheval dans les vignes est fort valorisante pour certains, surtout sur instagram...

À ce stade de mes réflexions, je reconnais alors une de mes clientes fidèles, une petite femme brune au regard triste.

– Quelle chance de vous rencontrer, vous êtes là, je viens m'asseoir près de vous.

Depuis cinq ans, elle renouvelle chaque année une commande d'une soixantaine de bouteilles de ma cuvée de blanc « Étoiles ».

– Quelle finesse des arômes, quelle merveille ! Et comme on voit que vous aimez tant ce que vous faites !

Je sais son mari très malade.

– Je dois vous faire une confidence, me dit-elle en s'approchant de moi. Je m'occupe de mon mari qui est infirme toute la journée ; c'est épuisant, mais une fois qu'il est endormi je me sers un verre de votre merveilleux blanc et j'oublie mes soucis.

Son regard s'illumine soudain.

– Vous n'imaginez pas combien c'est un bonheur pour moi de déguster ce vin, c'est le moment magique de la journée… Merci, me dit-elle, pour ce que vous faites pour moi.

Je décèle une petite larme dans ses yeux.

Je me lève, quitte le banc, retrouve mes clients, les vrais, ceux qui m'attendent et sont heureux de me voir.

Le soir en me couchant et en observant les étoiles, je pense à cette petite dose de bonheur que mon terroir me permet de partager avec mes clients, à cette petite dame brune qui se sent ce soir moins seule : cette part d'humanité liée à mon métier me remplit de joie après une journée épuisante.

Je n'ai jamais revu l'homme aux chaussures vernies vertes…

27.

La reine

Ma cliente habituée des plus grands vins mais toujours curieuse et qui aime mes productions.

C'est un jour d'hiver froid et très beau, les sommets de la Vanoise se découpent en dentelles sur le ciel. Je suis pour une semaine à la montagne avant d'attaquer les assemblages de mi-janvier. Je respire à pleins poumons en regardant la vue depuis le balcon en mélèze du vieux chalet.

La sonnerie du téléphone me sort de ce sentiment de plénitude.

– Bonjour ! Patricia, c'est Laurence, je suis cliente chez vous, j'avais commandé des magnums de rosé pour mon mariage. Je vous appelle, car je voulais savoir si vous accepteriez de recevoir une personnalité très importante.

– Bien sûr, qui est cette personnalité ?

– Euh… Je ne peux pas vous le dire maintenant pour des raisons de sécurité. Vous le saurez la veille de sa venue. C'est une personne très bien.

– Elle est française ?

– Non, mais elle aime beaucoup aller à la découverte de nouveaux vins et veut rencontrer des vignerons authentiques. Est-il possible d'organiser un déjeuner à la Calisse ? Je serai aussi avec vous, nous serons quatre. Il faut prévoir quelque chose de très simple, la personne en question ne veut pas d'un repas compliqué, elle veut juste vous rencontrer et déguster vos vins.

– Ce peut être le 12 janvier, dans quatre jours.

– Très bien, merci.

Je regarde les montagnes qui sont un appel à les rejoindre tant le reflet de la neige les rend belles et scintillantes.

Alors que je pensais profiter de quelques jours de ski dans la neige fraîche, me voilà prise au piège. Tout ça pour une pseudo-célébrité qui veut faire une escapade chez une « authentique vigneronne », à qui il faudra faire un cours sur la vigne et qui m'annoncera qu'elle souhaite acheter un vignoble dans le coin pour profiter du paysage, pendant sa retraite, tout en étant proche de la Côte d'Azur. Elle me demandera au passage si le mien est à vendre, comme par hasard. Non merci. Mais puis-je refuser ?

Quelques minutes plus tard, Laurence me rappelle :

– J'ai oublié de vous dire, il faudra prévoir quelque chose à la cuisine pour le chauffeur.

– Ah ! pas de problème, je m'en occupe.

Ben voyons ! Me voilà considérée comme tenancière de restaurant maintenant, service non compris !

– Tout sera payé par l'invité, et il faudra aussi facturer le vin.

Mes quelques jours de vacances semblent bien compromis et reportés à l'an prochain. Mais c'est sûrement une star du showbiz, je n'ai pas besoin d'être là. Je rappelle Laurence.

– Juste un instant, Laurence, je voulais savoir si Laurent qui connaît très bien le domaine pouvait s'occuper de la personnalité, car je suis pour quelques jours à la montagne.

– Non, elle veut vous voir, vous, elle souhaite que vous lui expliquiez votre métier.

– Bon très bien, y a-t-il une cuisine particulière à prévoir ?

– Non, quelque chose de léger et rapide, je vous rappellerai pour vous donner son nom dans quelques jours.

C'est fichu, vacances terminées !

Je regarde de nouveau les montagnes et commence à faire la liste de ce qu'il faut préparer. Qui est donc cette mystérieuse personne ? Un ancien acteur désœuvré qui souhaite un « retour à la terre » et ne supporte plus de jouer le rôle de star ?

Ma journée se passe en coups de fil, j'appelle tout d'abord Michel, mon ami traiteur, qui écrit des poèmes sur les menus qu'il propose à ses clients. Il fait de merveilleux plats.

– Une poularde de Bresse aux morilles serait pas mal, tu peux me préparer ça ?

– Bien sûr, ma belle, pour toi je ferais n'importe quoi.

– Génial ! Et tu pourrais me préparer les tartelettes aux griottes qui accompagnent si bien ma cuvée Étoiles.

– OK, ne t'inquiète pas, ma belle, et je m'occupe des petits pains pour la table.

– Merci, Michel. Je prendrai les fromages de chèvre chez ma voisine, la bergère de Barjols.

J'enfile mon anorak, je chausse mes grands skis, modèle long de l'ancienne époque, je me dirige vers la piste recouverte de poudreuse qui fait comme des étincelles sur ma trace. Une neige profonde, légère et douce s'offre à moi, je dévale les montagnes, de la poudreuse jusqu'au cou, j'ai l'impression de voler, dans les pentes préservées que je connais si bien depuis mon enfance. Je venais avec ma grand-mère déjà dans ce petit chalet aux volets peints en blanc et rouge.

Le lendemain, le ciel se couvre. Pas de regrets, la météo annonce une tempête.

Mais qui est donc cette mystérieuse personnalité ?

Par précaution, on ne sait jamais, j'appelle la Calisse, je demande à Mohamed d'organiser un entretien complet, ramassage des feuilles, ratissage des allées, tonte des végétaux, rangement des bâtiments.

– Tout doit être parfait, on attend une personnalité !

La veille, j'installe la nappe blanche brodée par ma grande mère de fleurs bleues, je pose les verres gravés au nom de la Calisse et les couverts de la cuisine.

– Bon, quelque chose de simple, me dis-je.

Tout est presque prêt. Laurence m'appelle.

– Je dois vous dire qui vient demain, c'est la reine de...

– Ah ! mais j'ai prévu un déjeuner très simple.

Heureusement pas si simple, grâce à Michel.

– Ce sera très bien, j'ai oublié de vous dire : il y aura finalement deux gardes du corps et ils déjeuneront séparément. Merci de ne pas prévenir les voisins ou les personnalités du village, la reine vient vous voir pour que vous lui parliez de vos vins.

Bon, je n'avais pas imaginé une telle visite.

Je fais un tour des abords.

– Vite, il faut tout ranger, on reçoit une reine !

Le lendemain, c'est une très belle journée d'hiver qui se présente, comme il n'en existe qu'en Provence. Les oliviers offrent leur palette de vert pâle et de gris, les cyprès se tiennent droits, immobiles, comme des gardes, pour accueillir la reine, les grands pins se dessinent et ressemblent à des éventails ouverts sur le ciel.

Les lavandes ont été griffées et ressortent en bouquets argentés sur une terre nue. La Calisse a endossé son habit de lumière dense des jours d'hiver. Tout est calme, Michel surveille la poularde qui mijote sur le feu, il se concentre.

– Ça va être superbe, tu verras ma belle !

En examinant le couvert dans la salle à manger, je sens l'émotion qui monte en moi, je ferme les yeux, je suis dans l'office avec mon père.

– Le service doit être parfait, c'est une personnalité importante !

Tout ce qui traînait a été rangé, ce qui dépasse et détonne dans le paysage a été enlevé, mon regard a fait vingt fois le tour du domaine.

Je passe vite dans la cave vérifier si tout est en ordre, et si les cuves en inox ont été astiquées. Nous préparons les vins avec Laurent, les grandes cuvées bien sûr, blanc Étoiles, rouge Étoiles, des plus beaux millésimes.

La petite bergère m'apporte les fromages de chèvre, frais, nature, au thym ou au poivre, il y aura le choix pour la reine.

Tout le monde s'affaire, les gardes du corps arrivent en premier, pour repérer les lieux.

– Ne vous occupez pas de nous, nous circulons.

La reine arrive, accompagnée d'une amie avec laquelle elle a l'habitude de voyager. « Elles aiment se promener ensemble et découvrir des choses passionnantes en dehors des sentiers battus », m'a dit Laurence.

– Nous aimons découvrir les endroits remarquables que tout le monde ne connaît pas. Quel beau pays, dit-elle dans un français parfait en regardant le ciel ! Vous avez de la chance d'avoir le soleil, chez nous il pleut beaucoup, parfois il neige, souvent le plafond est bas, je suis heureuse de vous rencontrer.

Je me pince pour vérifier que je ne rêve pas.

Nous faisons quelques pas dans les vignes, elle m'interroge, je lui explique mon métier, elle écoute.

Je la dirige avec les autres invités vers le chai. Je lui parle des vins qui vivent et s'élaborent lentement. Je vois ses yeux briller quand j'aborde le sujet de l'autolyse des levures :

– Au moment où elles disparaissent, elles nous envoient en signe d'adieu une multitude d'arômes que j'amplifie grâce aux bâtonnages.

Ses yeux sont grand ouverts dans le chai à barriques comme ceux des enfants de l'association que j'avais reçue, brillants, attentifs. Ils s'embrument légèrement… Je viens de transmettre le message des mystères de la nature…

Michel a choisi la plus belle poularde. Il prépare consciencieusement la sauce à la crème. Les morilles mijotent dans une poêle avec des fines herbes.

La reine m'interroge sur les vinifications, elle veut tout comprendre. Ce sera difficile en quelques minutes.

Je lui décris mon terroir et mes microcuvées, je la convie à rejoindre la salle à manger, car Laurence m'a prévenue :

– À 15 heures, nous devons reprendre la route, nous partons visiter Avignon.

Au dernier moment, avant l'arrivée des invités, j'ai ajouté

quelques branches d'olivier et d'amandier en fleur sur la table, qui s'accordent bien avec les fleurs bleues de la nappe brodée.

Laurence me glisse discrètement :

– C'est parfait, la reine et son amie ont l'air ravies.

La poularde est servie par Michel, très fier, il a mis son grand tablier blanc.

Les arômes de citrons confits et de crème de marrons du blanc Étoiles du millésime 2004 surprennent par leur amplitude. L'association avec la poularde aux morilles est encore plus subtile que ce que j'avais imaginé. Le vin est servi à bonne température, les bouteilles ont été ouvertes quelques heures plus tôt par Laurent. L'oxygénation accentuée par les hautes pressions annoncées par la météo lui apporte les conditions propices à une délicatesse optimale. Les notes boisées se fondent et s'équilibrent avec les parfums de morilles. Tout est lisse et doux, onctueux, parfumé dans la bouche.

– Quelle merveille ! me dit la reine en levant son verre.

Le rouge Étoiles est servi sur les tartelettes aux griottes, je remarque une expression de surprise dans le regard de mes hôtes.

– Jamais nous n'avions dégusté un vin avec autant d'arômes de cassis !

Les griottes de Michel fondent dans la bouche et s'associent avec élégance à la pâte sablée finement préparée, qui dégage des arômes vanillés, les tannins du vin soyeux et ronds se diluent dans l'ensemble. Michel a ajouté son art dans la tarte et ses qualités de poète l'aident pour préparer ses plats, il y glisse quelques éléments de poésie.

Le silence règne… et la reine aussi ! Les invités n'ont pas l'habitude de déguster un rouge avec le dessert.

– C'est incroyable, le vin est si souple et s'accorde si bien !

Les tannins soyeux du raisin que nous avons grâce au climat de Provence permettent d'éviter d'en rajouter avec un passage en barriques. Rendons à César ce qui appartient à César ! La terre de Provence redevient ce qu'elle était à l'Antiquité, elle reprend la place qu'elle mérite.

La reine quitte la Calisse avec son amie, elle me confirme avoir été ravie de cette visite hors du protocole habituel. Les gardes du corps la suivent, ils ont eux aussi dégusté les grandes cuvées avec Laurent.

Il y a eu, paraît-il, une rumeur dans le village, les anciens les plus irréductibles cachés derrière leurs volets à persiennes sont restés dubitatifs, puis ils ont assuré que ce n'était qu'un bruit, sinon ils auraient été informés.

– Circulez, il n'y a rien à voir !

Le sentiment de fierté que je ressens ce jour de janvier 2006 ressemble à celui qui m'avait envahi, à neuf ans, en rentrant dans la grande salle à manger. Encouragé par le regard complice de papa, je tenais entre mes mains l'élixir devant lequel tout le monde s'émerveillait.

C'est peut-être aussi une forme de récompense après tant d'années de travail. Ma connivence avec la nature a permis cette rencontre, je ne lui ai rien imposé. Nous ne sommes rien, c'est la « Nature » qui règne.

Quelques jours plus tard, je reçois par Laurence une commande de quelques-unes de mes meilleures cuvées pour le service du palais de la reine.

– Elle a été enchantée, merci et désolée pour les vacances à la montagne.

Elle me transmet une lettre manuscrite ; la reine me remercie de l'avoir reçue, elle me félicite pour mes vins. Je la conserve précieusement dans un tiroir avec celle d'Allan, je me garde évidemment de la diffuser sur internet.

Michel m'envoie un poème qu'il a écrit en l'honneur de la reine et qu'il me demande de lui envoyer.

Il a remarqué ses beaux yeux… Je lis la dernière strophe :

« *Tu es belle ô ma reine, reine d'un jour,*
Je te vois dans mes rêves, reine d'amour,
Tes seins sont des griottes que je croque,
Mon âme en te serrant se disloque,
Je t'aime, douce reine, reine éternelle »…

J'en conclus que la cuvée Étoiles s'est en effet bien accordée avec la tarte aux griottes… je lui promets de transmettre son poème à sa muse.

Lorsque je raconte la visite de la reine à une personne de ma famille qui séjourne dans la région, elle me regarde dubitative.

– J'ai reçu la reine de…

– La reine reine ?

– Oui, la reine.

– Ah ! elle était de passage dans le coin, c'est un hasard, elle voulait voir tes magnifiques lavandes.

Je précise qu'en janvier les lavandes ne sont pas en fleurs, mais qu'importe. Silence, rien à ajouter. Je décide alors de garder définitivement le secret.

Le soir en me couchant dans des draps soyeux, propres, dignes d'une reine, je me dis que la tradition vinicole en

France est une richesse. Elle est née grâce au travail de nos ancêtres, ils ont enrichi et embelli les terres dont ils avaient eux-mêmes hérité… depuis l'époque des dinosaures.

Ce que nous transmet un terroir est l'essence de notre vie…

28.

Un vignoble pour Saint Louis

« Je n'ai point d'espoir de sortir par moi
de ma solitude. La pierre n'a point d'espoir
d'être autre chose que pierre.
Mais, de collaborer, elle s'assemble et devient temple »
(Antoine de Saint-Exupéry, Citadelles*).*

Ce bâtiment sera dédié à Saint Louis, car chaque pierre a été posée en communion avec lui. Il est avec nous dans cette construction, nous sommes proches de lui, de celui qui a découpé les blocs de pierre jusqu'à ceux qui s'émerveilleront en découvrant ce chai, une fois achevé.

Ce que j'ai reçu du monde, interprété, et compris, c'est le plus beau cadeau. C'est aussi à Saint Louis que je le dois, et à tout ce que j'ai appris grâce à mon lien avec mes professeurs d'histoire de l'art à l'École du Louvre. En arrivant à Aigues-Mortes, pour diriger la construction de la cave des Salins-du-Midi, j'ai retrouvé l'esprit de Saint Louis dans les murs des remparts si droits et nus.

Je l'entends qui respire, il nous transmet sa grâce.

Ce jour de mars 1270 à Saint-Denis, il a pris le bâton de pèlerin et l'oriflamme, ce qui marque le départ de la croisade.

Il monte dans le grand navire génois, son armée l'attend pour embarquer à sa suite, il s'agenouille, se tourne vers l'horizon. A-t-il un pressentiment ? Sa foi en sa mission est plus forte.

Ce mur que fixait son dernier regard se dresse en face de nous, le mur du port murmure encore sa prière. Pense-t-il à sa mère Blanche de Castille, à son père Louis VIII, mort si jeune de dysenterie ? Devant lui, les eaux roses des marais salants, et plus loin au large, la mer bleu jacinthe, couleur des rois de France.

Il tient d'un côté le sceptre et de l'autre la main de justice, sur ce tableau du Greco. Sur sa route depuis Saint-Denis, tous les chênes se sont inclinés sur son passage pour lui rendre hommage.

Tristan, son plus jeune fils, est avec lui, il n'a que seize ans. Le roi se souvient, sans doute, de son sacre à Reims, à douze ans. Les odeurs de mer et de Provence qui affluent lui rappellent-elles l'huile miraculeuse appliquée sur sa tête, ses épaules et ses mains ? Elle lui avait donné l'inspiration divine.

Le vent fait claquer la voile de son navire qui se déroule, elle se découpe sur le ciel, blanche, scintillante comme l'aile de la colombe. Il passe devant ce nouveau bâtiment qui fera renaître les vins de « ses terres » ; Aigues-Mortes, son port royal sur la Méditerranée.

Quelques siècles nous séparent. Que serait-il advenu s'il avait emporté un peu de ce vin que nous allons vinifier pour lui, ce vin qui l'aurait peut-être sauvé de la dysenterie qu'il va contracter en arrivant à Tunis ?

Il verra mourir Tristan et de nombreux fidèles soldats de son armée avant de comprendre que la sienne approche.

Ce sera la dernière croisade.

Il avait marché pieds nus en traversant Paris jusqu'à Notre-Dame vêtu de sa simple tunique blanche en portant la couronne d'épines.

Il est nu devant nous face à ces remparts imposants. Il se tient comme un Roi, comme un Saint.

Notre-Dame brûle, tous pleurent, les architectes rêvent de gloire en imaginant de nouvelles flèches. La tunique de lin de Saint Louis a été sauvée des flammes, elle laisse transparaître les marques de son sang, une manche est arrachée.

Il est là, devant eux, mais personne ne le voit.

Pourtant, il s'adresse bien à nous en nous offrant ce symbole.

Sommes-nous encore capables de comprendre son message qui mêle grandeur et humilité ?

29.

Les bonnes fées

Le vigneron est un philosophe.
L'homme proche de la vigne
interprète par son vin
la vérité du monde.

Le vent souffle fort et fait danser les flocons qui s'amoncellent autour des vitres des fenêtres du chalet, d'autres s'envolent en tourbillonnant vers la lune, ils forment une traînée blanche comme une voie lactée.

Je suis pour quelques jours à la montagne dans le vieux chalet en bois aux volets rouge et blanc où je venais avec ma grand-mère.

Il fait froid ce jour-là, ma tante Irène me demande d'aller chercher son amie philosophe qui arrive à la gare vers 18 heures.

– Je vais préparer la table pour le dîner, il y aura une fondue ce soir.

Heureusement, j'ai déniché une très bonne bouteille de bordeaux que j'avais laissée dans la cave lors de mon dernier passage.

– On verra l'évolution du vin à deux mille mètres d'altitude !

Ma tante est une fidèle cliente des vins de la Calisse, elle a toujours été enthousiaste, même à mes débuts quand les vins étaient loin d'être parfaits.

Je pars donc en recouvrant ma tête avec l'écharpe en laine bleue de ma grand-mère qui est restée accrochée au portemanteau depuis qu'elle n'est plus venue après son accident de ski. Elle s'était cassé la jambe et avait eu l'interdiction de retourner à la montagne. Son parfum y est resté imprégné, un mélange de lilas et d'orange rehaussé par des notes de musc.

Arrivée à la voiture, je vérifie les chaînes, j'ai mis un temps fou à les installer en me gelant les mains, le pare-brise est déjà presque recouvert de neige, il faudra être prudent.

– Tu sais, m'a dit ma tante la veille, c'est une grande philosophe et elle vient d'écrire un nouveau livre.

– Pouvez-vous me le prêter ce soir pour le lire avant son arrivée ?

– Bien sûr, mais tu verras, c'est difficile à lire.

J'ai pris le livre avec empressement en souriant pour signifier que je n'avais aucune inquiétude et qu'il serait lu en quelques heures. Mais la nuit passée a été rude et j'ai compris qu'il serait préférable de ne pas essayer de faire de commentaires sur le livre dont je n'avais pas compris grand-chose… Est-ce le jargon philosophique peut-être, ou mon niveau qui est bien faible, je décide d'éviter le sujet et de parler plutôt du vin et de mes vignes…

La soirée se passe autour de la petite table recouverte d'une toile cirée verte dessinant des motifs provençaux alors que le vent continue de souffler. Les tourbillons de flocons parfois apparaissent furieusement derrière les vitres des fenêtres et nous apprécions d'autant plus la douce chaleur du feu de bois qui crépite.

Lorsque je verse en le commentant dans les verres à

pied le bordeaux du grand château, les yeux de mes hôtes se mettent à briller comme les reflets du vin.

– De magnifiques arômes de fruits noirs avec des notes cacaotées et briochées, une belle matière en bouche qui vont accompagner cette fondue bourguignonne.

Et la soirée ainsi commence, la demande suit :

– Raconte-nous comment tu es arrivée dans le monde du vin.

Un à un je raconte les chapitres de ce livre que je n'ai pas encore écrit et la soirée se déroule sur ce thème ; je perçois mes voisines attentives à mes mots, presque concentrées, et leurs regards s'échappent du réchaud d'où chacune scrute la cuisson de son morceau, mais se retourne vite vers moi pour ne rien manquer de l'histoire.

« Ouf, me dis-je, je n'aurai pas à subir la honte de parler du livre de la philosophe que je m'étais vantée de lire en quelques heures… »

Je me demande si je n'en fais pas un peu trop en racontant mes aventures sur le vin, mais je continue et le dîner se passe, je commente au passage l'évolution subtile de ce grand rouge de bordeaux qui prend des notes de pruneau cuit en s'ouvrant dans le verre.

Le gâteau roulé à la confiture, préparé par Christiane, la cuisinière du chalet, arrive enfin et je me dis qu'il faut maintenant que je laisse la parole aux autres mais les questions continuent et alors que le feu s'estompe et laisse place aux lueurs des braises, dehors la tempête redouble, le petit balcon en bois est recouvert de neige, ma voiture au bord du chemin d'accès a disparu et n'apparaît plus qu'un dôme de neige à l'endroit où je l'ai garée.

Tout à coup, alors que nous décidons d'aller nous coucher, l'amie philosophe se tourne vers moi et me dit :

– Ce que vous racontez, il faut l'écrire, c'est passionnant.

Ces quelques mots pénètrent en moi comme un rayon de lumière qui ne me quittera plus.

Comment ai-je pu entendre ces mots ? Ai-je trop bu de ce bon bordeaux, pourtant je sais parfaitement les limites qu'il ne faut pas dépasser. Une philosophe réputée, professeur à la Sorbonne, qui s'intéresse à ma vie de vigneronne en Provence ! Ce que je réalise dans mon terroir a donc une valeur ?

Mes bonnes fées me dictent le chemin à suivre en m'écoutant, je comprends mieux ce qui me guide.

J'explique que je conçois la création d'un vin comme une œuvre d'art ce qui retient l'attention de ma tante... Dans un vin il y a tout ce que son créateur a élaboré patiemment, le résultat est, comme pour un livre, le reflet de l'émotion qu'il a ressentie en le façonnant. Il y a un être avec ses pensées qui a étudié pas à pas et compris un terroir.

Et si mon retour vers la nature et le besoin si intense de réussir mes vins était un acte essentiellement philosophique ? La perception des éléments de la nature comme celle du vin en le dégustant nous conduisent vers la sagesse, elles nous font prendre conscience de nous-mêmes.

Ce qui est enchanteur, c'est de vivre en participant au spectacle de la nature. L'homme proche de la vigne interprète par son vin la vérité du monde.

Le chalet craque sous le poids de la neige, le vent s'est transformé en rafales qui font jaillir les flocons ;

ils s'élancent contre les vitres, les braises s'étiolent et se dissipent dans les cendres.

Mes bonnes fées sont maintenant sous les gros édredons fleuris en plumes des chambres, elles ont rejoint leurs rêves qui sont remplis de parfums de Provence et d'arômes de fruits noirs, elles ont partagé avec moi ce désir d'éternité.

30.

La lune

La vigne est une école de volonté et d'imagination. Chaque année est différente.

Les vendanges se passent normalement pour ce millésime 2018. Les vendangeurs ont conscience du manque de raisin. Dans la nuit avec leurs lampes frontales, ils scrutent la vigne et cherchent la moindre grappe.

Les pressoirs s'enchaînent, je décèle des arômes délicats lorsque les jus s'égouttent, d'agrumes confits, de poire bien mûre.

Deux cuves ont démarré, les levures y dansent et forment un grand brassage, le gaz s'échappe et descend le long des parois, entraînant des arômes de lilas. Ce moment-là est comme une drogue, il me transporte de joie, je sais que si tout se déroule normalement ce sera un grand millésime. Petit en quantité, mais grand millésime, les raisins blancs ont tous été ramassés.

– Tu es sûr, on a tout ramassé ? Tu as vérifié que les vendangeurs n'en ont pas oublié ?

Mohamed prend un air dubitatif.

– Je suis sûr que tout est ramassé.

Je roule mes barriques neuves au fond du chai.

– Pas de cuvée Étoiles cette année, nous n'aurons pas assez de raisin.

Ces barriques au fond du chai m'apparaissent comme des

êtres inanimés, qui auraient été punis, privés d'existence. Leur belle couleur marbrée blonde est comme un symbole de frustration, de manque.

Le lendemain, j'attaque les rosés. Que vais-je découvrir ?

Chaque année, on attend avec impatience les grenaches de la parcelle proche du caveau, ce sont ceux qui fournissent les vins les plus fins. Je compte les remorques. Dans la nuit, j'avance avec ma lampe, je passe dans les rangées, je vérifie encore qu'il n'y a pas de grappes oubliées.

Il y a un silence dans les rangées, je les parcours dans la nuit noire, mais même le peu de raisin, c'est déjà un don du ciel. Une cuve seulement pour l'ensemble de la parcelle, ce serait déjà bien car, dans les grenaches des Valettes, il n'y a pas du tout de raisin.

Quelques heures après, le soleil irradie, les vendangeurs croquent les tablettes de chocolat. La vendange s'est terminée en quelques jours.

J'écoute le léger bourdonnement des fermentations des quelques cuves que l'on a malgré tout réussi à remplir. Je ne ferai pas de rouge cette année. Pas de jus noirs qui tachent mes mains en coulant au pressoir. Pas d'arômes de cassis pour la cuvée Étoiles. Pas de cuvée Étoiles.

Les assemblages se font en une fois, les parfums de lilas sont bien présents, la poire bien mûre, la fraise des bois dans le grand rosé.

Les mises en bouteilles sont terminées en janvier. La cave est vide, pas de soutirage. Nous décidons avec Laurent de nous inscrire dans un seul événement professionnel.

Voilà, plus rien, le vide.

Mais après quelques jours, je vais reprendre mes esprits. Il faut en profiter pour faire ce que je n'ai jamais eu le temps de faire, réorganiser la cave, il me manque des cuves en inox…

Et peut-être, j'y pense depuis longtemps, écrire ce que j'ai vécu… Il faut remonter le moral des troupes qui sentent elles aussi le vide. Je donne un programme à chacun.

– Ne nous plaignons pas, on a eu quand même une récolte, certains voisins ont tout perdu.

Nous nous consolons en pensant au malheur des autres. Celui qui n'a pas connu un tel tourment ne peut pas comprendre. En perdant une récolte, on perd une partie de soi-même.

Je passe beaucoup de temps à Aigues-Mortes pour le chantier de la future cave des Salins. Je dessine les détails des triglyphes comme un temple grec.

Je choisis la carrière de pierre blanche, la pierre doit ressembler aux marbres d'un temple grec.

Je pars pour Saint-Étienne et je sélectionne les verres soufflés pour les vitraux, je dessine avec le spécialiste leurs motifs, je choisis aussi les fenêtres en mélèze, je coordonne les travaux avec les entreprises.

Pendant l'hiver, je dors dans un petit hôtel du XVIIe en pierres, à l'intérieur des remparts. La ville est déserte.

Avant de me coucher, je sors par la porte des Salins, à quelques mètres de ma chambre, et je peux observer la progression du chantier qui s'élève au milieu des étangs roses. Je vois son avancement, face aux remparts de Saint Louis.

Plus je m'imprègne des lieux, plus je sens l'importance de ma mission. Je me sens investie et je vivrai avec Saint Louis cet hiver 2019.

À la fin de ce même hiver, Notre-Dame est en flammes.

Je décide de faire un salon qui a lieu à Paris, ce qui me permettra de ne pas trop rompre le lien avec mes clients, compte tenu de la petite quantité de bouteilles que nous avons cette année.

À peine arrivée, je sens leur présence, de loin j'en ai déjà repéré un, puis je les vois tous passer comme à l'habitude.

C'est plus difficile pour moi cette année particulièrement.

– Vous n'avez pas fait beaucoup de blancs cette année, et pas de cuvée Étoiles ? Dommage.

Ou bien :

– Le rosé manque un peu de gras, c'est sûrement l'effet de la chaleur, moi je préfère les rosés aux notes de thiols.

Je sens la lassitude m'envahir, elle se manifeste comme une sorte de nausée.

Mais qui êtes-vous donc, renards, couleuvres et autres animaux sortis d'une fable de la Fontaine ? Jugez-vous vous-même, sortez de votre étroitesse d'esprit, prenez un miroir. Vous ne savez ni regarder, ni sentir, ni comprendre, le monde n'a pas besoin de vos verdicts parfois glaçants, souvent incohérents. Oubliez-moi, je vous le demande avec humilité.

Je prends mon manteau sur la chaise du stand, je me prépare à partir, et je crois que Laurent a senti quelque chose. Il me dit :

– Je m'occupe de tout.

– Merci Laurent.

Nous échangeons un sourire de connivence.

En sortant, je respire et reconnais l'odeur du macadam, mélangée à celle des égouts et des cartons qui s'amoncellent devant la porte, le ciel est clair, quelques oiseaux virevoltent.

Sur la route, il me vient une idée. Je vais faire un détour par le quartier de mon enfance.

Je me dirige vers la rue, j'arrête la voiture, je fais quelques pas, j'entre dans le petit jardin public, je lève les yeux, je revois d'en bas la cheminée sur laquelle je grimpais enfant.

Il fait déjà presque nuit, la lune apparaît, elle ressemble à une boule rose au-dessus des toits de Paris, comme si elle m'attendait, comme si elle était là pour me consoler.

31.

Nouveau millésime

Les délices d'une belle récolte.
La recherche de l'authenticité
et de la qualité est récompensée.

Vite, il faut rentrer et s'occuper de préparer la cave avec les nouvelles cuves pour le millésime 2019. Y aura-t-il cette année une cuvée Étoiles ?

Les rendez-vous sont pris, on s'affaire, on range, on refait tout le système de régulation qu'il fallait moderniser. Je commande aussi une pompe toute neuve.

La vigne a déjà démarré, ses feuilles sortent, pas de maladie en vue.

Je me concentre, le cycle a repris. Les saints de glace passent, pas de gel. Laurent et Mohamed semblent épanouis et heureux. Les travaux de la cave avancent. Déjà juin, bientôt les vendanges !

Un soir, au moment du coucher du soleil, je décide de faire un tour dans les vignes. Il fait chaud, mais un petit vent frais descend des Alpes, depuis Moustiers-Sainte-Marie.

Je remarque, en m'approchant, les belles feuilles, comme je ne les avais pas vues depuis longtemps, les grappes apparaissent sur les rameaux, bien construites et bien vertes, les grains sont déjà de la taille et de la couleur de petits pois. Tout est sain et beau, pas de taches comme de l'huile, ce signe de maladie sur les feuilles.

J'observe les rameaux en me penchant pour soulever la végétation, qui est équilibrée. Il me revient en mémoire l'image des feuilles dévorées par le mildiou que je découvrais en retenant mes larmes, l'année dernière. En y repensant, mon estomac se noue.

J'avance dans les rangées, les vrilles se développent avec force sur les fils, les petites pousses sont multiples. La vigne s'est vêtue de sa plus belle parure, on dirait qu'elle intensifie ses efforts pour me séduire, pour me rattraper. Vais-je encore lui céder ? A-t-elle conscience du mal qu'elle m'a fait ?

Avec la lumière douce qui s'estompe, le contraste des nuances de vert des divers cépages sur un ciel qui s'embrase, telle une palette de roses dans un tableau de Van Gogh, devant moi en silence, elle m'appelle. Elle sait qu'elle a failli me perdre, je sais qu'elle va encore réussir à me séduire.

Je continue à marcher, même s'il fait déjà presque nuit. En observant les raisins, je commence à élaborer mes différentes cuvées, le grenache blanc pour la cuvée Étoiles avec un peu plus de rolles, et je devine qu'ils mûriront les premiers cette année.

Suis-je envoûtée ?

Non, passionnée, quelque chose qui ressemble à ces amours profondes qui construisent et embellissent l'esprit.

Et je garde au fond de moi l'âme de mon enfance.

Je me pose sur la marche comme au premier jour, après la vente aux enchères. Les bleus du ciel entrent en mouvement et changent de couleur en suivant les nuages qui les assombrissent. Les arbres se plient dans le vent, leurs feuilles s'illuminent avec le reflet du soleil. Mes lavandes forment une mer qui ondule. Je rêve les yeux entrouverts et m'imagine peignant un tableau : le tableau que je peins se met à bouger, de ses contours jaillit une musique au son joyeux et entraînant, qui fait briller ses couleurs et lui donne une profondeur infinie. À la place des couleurs et de la musique, des mots prennent forme devant moi, je sens les chaînes qui me retenaient se détacher une à une en les regardant. Je revois défiler les labours qui découpent la terre en lignes régulières et ocres, les marronniers de l'étang de ma jeunesse, la bergeronnette du grand chêne.

Tout revit.

Je veux que mes mots soient comme une musique, je veux que mes vins soient des corbeilles de fleurs et de fruits colorés que j'offrirais au lecteur…

J'ouvre un œil, il fait froid. Quel était ce rêve étrange ?

Je me lève, il fait nuit ; les petites lampes frontales des vendangeurs sont comme des étoiles filantes dans les rangées de vignes.

32.

Les pierres dorées

En hommage à mes ancêtres vignerons en Bourgogne.
Ils m'ont insufflé le goût de la volonté
d'entreprendre et de ne jamais se décourager.

Il était né le 1er décembre 1813, au hameau de Montagny, sur la commune de Bully.

Sur l'acte, il est précisé que son père Michel ne peut pas signer, car il ne sait ni lire ni écrire. Il lui a donné un prénom unique, François, le même que celui de son frère né un an avant lui, et qui n'a vécu que cinq jours. Le registre des actes d'état civil de Bully mentionne la naissance de la sœur cadette de François, Étiennette, en 1817, puis une sœur Jeanne en 1823, qui meurt à sept mois, et enfin un frère Étienne en 1828.

Michel est « propriétaire cultivateur » à Montagny. Il a hérité de 65 ares, d'une belle terre du Beaujolais sur la commune de Sarcey, dans la région de Tarare. Sa maison, une ferme où il demeure avec Jeanne-Marie, sa femme et leurs enfants, comprend quatre pièces à vivre au-dessus d'une étable, et une terrasse couverte avec des colonnes en pierre.

François, lui, participe à la culture de la vigne, dès l'âge de onze ans. Mais à la naissance de son frère Étienne, il comprend qu'il doit partir, la ferme n'étant pas suffisamment importante pour nourrir toute la famille. Il est l'aîné, il se sent investi d'une responsabilité. Il ne peut pas être un poids pour son père, qui doit agrandir son vignoble, et acquérir des terres pour produire plus.

Il n'oubliera jamais l'attaque de mildiou qui a entraîné la perte des trois quarts de la récolte, il a partagé le désarroi de son père face aux conséquences des intempéries. S'il y a trop de bouches à nourrir, ils ne s'en sortiront pas.

Ils avaient pourtant tout fait comme il fallait, la maladie les avait surpris brutalement alors que la vigne était en pleine floraison. Des fleurs si belles et parfumées qui avaient été détruites en quelques jours.

La mort de ses frères et sœurs lui a aussi fait comprendre la fragilité de la vie, et il a à cet instant ressenti le devoir qui lui incombait de soutenir sa famille.

Cette année 1830, quelque temps après les vendanges, son père rentre un soir silencieux, il semble tourmenté. Il tend à François le contrat d'apprentissage qu'il a conclu chez un notaire de Lyon, au nom de son fils. Le maître d'apprentissage est un cousin éloigné, Didier P., teinturier en soie, demeurant rue des Trois-Maries, dans le quartier Saint-Jean, à Lyon. Le contrat est signé par le notaire, car son père ne sait pas signer, il y a une faute, il manque un « l » à son nom, qu'il n'a pas pu voir.

François est heureux d'avoir appris à lire et à écrire avec son instituteur de Bully, et il a aimé suivre l'instruction religieuse avec le curé, M. Cluzet. Grâce à lui, il a appris le sens des mots foi et amour. Tout d'abord la foi en soi, celle qu'il faut toujours garder, même dans les situations pénibles, particulièrement dans les difficultés que traverse sa famille. Aussi, l'amour des autres, qui est un sentiment essentiel pour vivre.

Il y a aussi l'amour de Dieu, qu'il perçoit dans la beauté

du monde, les couchers de soleil sur la petite terrasse face aux monts du Lyonnais, lorsque la vigne se détache sur les pierres dorées du terroir.

Il part tôt, ce matin du 25 octobre 1830. Il ne veut pas revoir son père et sa mère, il risquerait de pleurer et ils pourraient regretter son départ et s'inquiéter. Il fait humide et sombre, quelques brumes d'automne se dissipent devant lui. Le soleil apparaît lorsqu'il passe près de Bully, il illumine le vieux donjon du village et ses tuiles vernissées, qui ont un aspect flamboyant dans les premiers rayons du jour.

Il a plusieurs fois imaginé les marches de l'escalier qui monte jusqu'en haut, très haut, et la vue sur toute la région alentour, si belle, si vallonnée.

Il referme son manteau de laine grise et épaisse qui a appartenu à son père, il recouvre sa tête de l'écharpe que lui avait tricotée sa mère avec une laine, aussi, rêche et rugueuse, mais qui le protège du froid. Il pense au travail qui l'attend, il a déjà aidé un tisseur du canton et la soie lui rappelait la douceur du vin sur son palais les bonnes années, lorsque les raisins étaient bien mûrs et que le vin s'était coloré de noir en fermentant.

Teinturier d'un seul genre : la soie pour trame, et une seule couleur, le noir.

– Il faudra se lever à minuit, pomper à la main la provision d'eau nécessaire au travail, puis allumer le feu sous les chaudières servant à teindre les étoffes.

Il sait qu'à la suite de son travail, il devra aller le « rendre » chez le fabricant. Mais il n'a pas peur, il a affronté le froid les jours de la taille de la vigne quand les rameaux sont durcis par le gel. Il a porté le raisin à onze ans dans de grands paniers d'osier attachés sur son dos. Il a longtemps gardé les marques des lanières en cuir sur ses épaules.

Il marche, il sait qu'il doit être avant ce soir chez son maître d'apprentissage, à 50 kilomètres, à Lyon. Il regarde ses chaussures en cuir sur la route en terre, il les enlève et les prend dans ses mains. Il sait ce qu'elles ont coûté à son père, l'équivalent de plusieurs kilos de raisin mûr et sucré d'une belle année. Il ne peut les user sur cette route caillouteuse, il n'en aurait pas d'autres, il doit faire le chemin pieds nus. Il a l'habitude, il aime bien le contact avec le sol : parfois la terre est humide, froide, et se glisse entre ses doigts de pied.

Il se souvient aussi quand il sautait dans la cuve en bois cerclée de lames de métal, le raisin lui caressait les pieds, les grains éclataient doucement sous son poids, le jus jaillissait et remontait le long de ses jambes. Il le goûtait, sa texture était douce dans sa bouche, il avait des arômes de mûres, comme celles qu'il cueillait dans les buissons le long des vignes. Il riait avec son père, c'était le moment de joie tant attendu de l'année, celui de la vendange.

Il doit marcher sans se retourner, il s'est juré de retenir ses larmes.

Avant de disparaître derrière la route Napoléon, il est tenté de regarder une dernière fois le donjon qui dépasse au loin. Il a été construit avec les pierres des terroirs qu'il connaît bien ; les pierres dorées calcaires où mûrissent si bien les raisins, les schistes roses, qui produisent des grappes juteuses, les pierres bleu plus profond, toutes apparaissent, comme les terroirs des alentours, imprimées sur les murs du vieux donjon. Les encadrements des fenêtres sont en pierres dorées et font comme des filets d'or dans le soleil du matin.

Il ressent un serrement au cœur en quittant cette vision, mais il est rassuré en apercevant au loin les fumées de la ville de Lyon.

Il a bien relu le contrat, son maître d'apprentissage « s'engage et promet de payer cinq francs à la fin de chacun des six derniers mois de son apprentissage ». Il sait combien de kilos de raisins il faut produire pour réunir cette somme, et combien de paniers il aurait portés sur son dos. Mais sera-t-il à la hauteur ?

De loin, il entend déjà le bruit de la ville, un bruit comme un ronronnement.

Plusieurs années plus tard, grâce à ses années d'apprentissage, il réussira à produire le beau noir à base de cachou et de sel d'étain sans les défauts de la cuisson de la soie avec trop de savon, qu'il améliorera ensuite grâce à ses recherches et à l'apport d'éléments végétaux (le henné) et chimiques.

– La soie doit avoir du brillant, du bleuté et surtout rester douce au toucher, expliquera-t-il.

À la mort de sa mère en 1845, son père fera donation-partage de l'ensemble de ses biens à ses enfants. Grâce à son fils, il aura pu faire quelques acquisitions : 64 ares au prix de 700 francs, puis 48 ares pour 360 francs… pour un total de 6,5 hectares. Le patrimoine mobilier s'élève à 522 francs, une charrette, deux bœufs, deux lits garnis, une armoire à deux portes, un buffet…

François rachètera après quelques années le vieux donjon et y mourra le 18 octobre 1883, soixante-cinq ans plus tard, presque jour pour jour après son départ pour l'apprentissage à l'âge de dix-sept ans.

L'histoire de mon ancêtre m'a-t-elle aussi inspirée dans mon aventure avec mon vignoble de Provence ?

J'ai fait le chemin inverse, j'ai quitté le bruit sourd des villes pour celui plus intime de la nature, qu'il avait été contraint d'abandonner malgré lui.

J'ai découpé mon terroir en fonction des couleurs des pierres.

Et en voyant couler les jus de mes presses qui sont presque noires certaines années, je pense à cette capacité de compréhension des choses que nous transmet la nature et qui l'a peut-être aidé dans l'obtention du noir parfait qui l'a rendu célèbre.

Les jus de mes rouges coulent et foncent aussi, leurs textures évoluent en fonction de l'avancement des presses, je suis très concentrée, car il faut arrêter le pressoir dès que l'amertume apparaît, dès que le goût devient végétal, et dès qu'en bouche le vin n'est plus quelque chose qui ressemble à de la soie…

Ce jour du 21 juin, à la vente aux enchères, un souffle a traversé la pièce et éteint la dernière bougie…

Après un mois de vendange, je retrouve le monde réel en me rendant au supermarché.

Il fait encore beau, je reprends difficilement un rythme normal, car je suis habituée aux levers dès 4 heures du matin.

En entrant dans le magasin, je remarque des hordes

de gens hagards poussant des chariots qu'ils remplissent sans réfléchir comme des robots articulés. J'ai l'impression d'arriver d'un autre monde. Depuis que les vendanges ont commencé, je me suis nourrie avec des raisins et des légumes du potager, tomates bien mûres, figues et aubergines.

Je croise un voisin à la caisse :

– Les vendanges se sont bien passées ?

Je suis comme un cénobite que l'on obligerait à quitter brutalement sa méditation.

Il y a du raisin dans des présentoirs en plastique, j'en goûte un grain, trop vert, trop acide, trop « boosté » aux engrais. Je ressens un goût végétal et amer.

Dehors, devant un camion, un groupe de gens à moto s'est arrêté, ils avalent mécaniquement leurs sandwiches, leurs regards semblent vides.

Je retourne vite à la Calisse, il y a les cuves qui fermentent, il faut surveiller.

Le soir en faisant le tour de mes quelques hectares, je remercie en pensée mon ancêtre, qui m'a peut-être guidée. Je regarde, en communion avec son souvenir, le vieux mûrier près de la forêt dont les feuilles nourrissaient au siècle dernier les vers à soie… la soie qu'il teintait dans ses usines.

33.

Les Salins, Bully, l'aventure continue

La cave des Salins est construite.
Je prépare une troisième création en Bourgogne dans les monts du Lyonnais à Bully en hommage à mes ancêtres.

Mon arrivée aux Salins-du-Midi se fait progressivement, mon frère, qui en est le président depuis peu, me demande de tout prendre en main de la vigne à la cave.

C'est un sacré boulot car, comme je l'ai souvent expliqué, on doit s'imprégner des lieux, les étudier et cela prend du temps. Il faut tout observer, dans toutes les situations, pluie, vent, dans toutes les saisons, avant de faire le bon choix du cépage, et de l'orientation des vignes ! Heureusement, grâce à tout ce que j'ai expérimenté, j'arrive à sauter des étapes de tergiversations inutiles, je vais droit au but.

Grâce aux analyses de terres et à l'étude géologique, je sais que mon ennemi numéro un sera le sel contenu dans les sols, ce qui impliquera de le maintenir à des doses faibles.

La vigne généralement se porte bien dans les sables mais à condition de contrôler l'apport d'eau par un goutte-à-goutte obligatoire, qui permet de bloquer et de retenir le sel. Mais trop d'eau risque de nuire à la qualité du raisin, d'où la difficulté de trouver le juste équilibre. Encore une fois l'équilibre à trouver !

La parcelle à planter est entourée d'étangs où avancent çà et là les flamants roses, leurs grandes enjambées, leurs pattes longues et minces leur donnent l'allure d'êtres humains marchant sur l'eau. On dirait un peuple étrange, aux mouvements lents qui rythment les étangs. Parfois le vol de quelques-uns illumine le ciel d'une traînée rose, puis ils se posent plus loin tout en douceur, faisant naître derrière eux un léger froissement de l'eau. Ce sont mes nouveaux amis, ils sont autour de moi, mais sur la parcelle je croise souvent aussi de belles compagnies de perdreaux.

Les lapins hélas ! se régalent des jeunes feuilles de vigne.

L'autre ennemi de la vigne des sables, ce sont les roseaux qui envahissent les rangs de vignes, plusieurs années sont nécessaires pour s'en débarrasser.

– C'est comme du chiendent, me dit Pierre que j'ai embauché pour soigner les vignes.

Deux ans plus tard, les petits plants de vigne démarrent bien et on peut maintenant construire la cave.

Je choisis l'emplacement du bâtiment en face des remparts, il va prendre la place d'un vieux hangar dans lequel les outils des sauniers ont été stockés.

Les travaux de construction demandent beaucoup d'attention car chaque pierre du bâtiment doit trouver sa place. Petit à petit, dans l'hiver 2018, le bâtiment prend forme et soudain se dresse comme un temple entouré d'étangs roses.

La mauvaise récolte à la Calisse m'a libéré du temps, tous les détails dans l'outillage et le choix des cuves sont étudiés. Mon expérience me permet de ne pas renouveler les erreurs de jeunesse inévitables à la Calisse, comme le mauvais calcul des volumes des cuves en fonction du pressoir ou la dimension trop petite de la cave.

Les cuves en inox en hauteur participent à l'impression que l'on a d'entrer dans un temple quand on a passé la grande porte arrondie en mélèze, les vitraux les illuminent de couleurs bleu et rose.

– Le bleu des rois de France face à Aigues-Mortes ! En l'honneur de Saint Louis, dis-je aux journalistes que je reçois plus tard.

Tout se déroule dans les délais, de justesse. La cave est prête pour la première vendange, en avance cette année-là, le 20 août 2019. Les derniers vacanciers profitent des lieux, les promenades en petit train se poursuivent pour la visite des Salins du Midi et des grandes « camelles » de sel, ils passent non loin de la cave.

Nous démarrons vers 1 h 30, cette nuit-là, après avoir vainement tenté de dormir plus tôt. Dans les vignes, un nuage de sable suit les remorques remplies de raisins bien mûrs. À la cave, où la contenance des pressoirs a été parfaitement calibrée et étudiée pour recevoir le raisin, les premiers jus coulent du pressoir. J'ajuste les cycles, je réfléchis, c'est la première fois que je vinifie le cépage grenache gris, je découvre des arômes fins et élégants que ce terroir lui procure.

Puis soudain, en levant les yeux vers le ciel, après plusieurs pressées alors que nous terminons le premier jour de vendanges, un peu fatiguée par cette nuit blanche, je suis interloquée par la beauté du paysage qui s'ouvre à moi.

Les remparts semblent posés comme une île de blocs de pierre alignés sur les étangs roses, j'entends les canards dont je devine le vol vif et élancé sur le ciel flamboyant qui s'éclaircit avec le lever du soleil. Le rose des étangs me transporte devant un tableau de Signac lorsque j'étudiais ce peintre à l'École du Louvre.

Je pose mon verre, je garde en moi les premiers arômes sucrés de cette nouvelle cuvée, je monte dans ma voiture et décide de parcourir cet immense territoire d'étangs et de sel avec une si belle lumière.

« Je vais aller voir les étangs et la mer, c'est un moment magique », me dis-je.

Je croise les sauniers qui récoltent le sel.

Belle récolte, la fleur de sel a été cueillie comme une fleur qui exhale ses parfums et sa lumière. Un parfum d'iode et une apparence de cristaux scintillants.

Tout le long de la traversée, je découvre la succession des étangs soigneusement entretenus dans lesquels se déploie une population d'oiseaux toujours plus nombreuse, ils volent et s'affairent joyeusement dans le ciel.

Puis après un long parcours, je m'arrête enfin devant une dune de sable, un petit panneau en bois abîmé par les embruns indique l'accès à la mer.

Devant moi, un peu plus haut sur la dune, je découvre une immense plage, quelques pas d'oiseaux sur le sable fin, effacés par les vagues, rien d'autre ni personne à l'horizon. Les vagues se soulèvent, se brisent, recouvrent en longues traînées de mousse blanche le banc de sable. Le ciel est de plus en plus clair, les oiseaux ont accompli leur danse matinale, les palettes de roses s'étiolent pour laisser la place aux bleus profonds qui semblent sortir d'un tableau de Bonnard.

L'idée me traverse l'esprit bien que cela me semble un peu fou.

Je regarde autour de moi, toujours pas l'ombre d'une personne le long de ces kilomètres de plage.

Se plonger dans cette mer vivante, marcher pieds nus sur ce sable tendre et fin, vais-je oser ?

Non, impossible, je n'ai pas emmené de maillot. Aussitôt pensé, l'envie étant plus forte que la raison, je retire un à un mes vêtements et avance à grands pas dans la mer en surmontant les vagues par petits sauts.

Je me fonds dans cet univers, il m'invite à partager sa propre effervescence, je suis comme un poisson insouciant se confondant avec le monde ; je suis en pleine communion avec lui.

La mer est translucide, elle se brise contre les rochers sur le bord, je reste quelques instants accrochée à l'un d'eux et me laisse porter par le balancement de l'eau ; en nageant elle est comme une caresse qui me rappelle celle du vent dans mes vignes.

Je ressens par moments encore sur mon palais les jus des raisins de ce matin, je me laisse envahir par cette nature vivante, j'entends les vibrations de mon cœur qui bat en harmonie avec le déferlement de l'eau.

Les images de Saint Louis me viennent à l'esprit aussi, je réalise que la cuvée qui va naître ne peut être qu'un prolongement de l'histoire de ses terres. Il faudra faire un vin léger comme un vol de flamants roses, lumineux comme la nature qui l'a fait naître, intense, aux arômes puissants de fleurs et de fruits, long en bouche comme le souvenir vivant des vagues de la mer.

Je sors de l'eau et me rhabille sans me sécher, mes pas marquent le sable, je regarde quelques instants les vagues rouler, elles sont un élément de la nature : les sables et le sel sont le fruit de leur va-et-vient.

Je retourne à la cave où m'attend mon équipe pour organiser les opérations. À part quelques cheveux mouillés personne ne remarque rien ni ne se doute que je viens de vivre une belle aventure en symbiose totale avec la mer et la nature qui règne autour de nous. J'ai encore le goût d'iode et de sel sur ma peau.

Je retrouve ma capacité de concentration :

– Il faut descendre cette cuve à 12, pour faciliter le dépôt, et cette autre pourra être stabulée après débourbage, on va assembler les grenaches gris avec les grenaches blancs pour donner du fruité et de la rondeur au cépage gris.

Je reprends les choses en réfléchissant. C'est à cet instant même qu'on peut, si on ne se concentre pas, passer à côté de la possibilité d'améliorer un vin futur. Il faut étudier les jus et anticiper leur évolution pendant la fermentation, il faut saisir toutes les informations, les analyses vont nous donner des pistes, la dégustation en révélera d'autres afin d'optimiser le résultat.

La nature m'attire vers elle comme la vague et l'écume de la mer…

À Bully, en Bourgogne, c'est le même sentiment d'un nouvel échange avec un terroir. Ici, ce sont les collines de pierres dorées si vallonnées et vertes.

Je revois ma grand-mère assise tout au bout de l'allée des tilleuls, sous la pergola observant, le paysage au coucher du soleil. Au-dessus d'elle pousse une vigne, ses feuilles déjà rouges annoncent les derniers jours de l'automne. Son regard est immobile face à ce tableau apaisant dans la douceur tiède du soir. Nous grignotons avec nos cousins les grains des quelques grappes qui ont échappé à la gourmandise des oiseaux.

Un parfum onctueux citronné et une texture acide me traversent le palais…

Ce souvenir me fait craindre la difficulté, il faudra arriver à maturité, et surtout choisir des cépages peu productifs.

La géologue se réjouit de découvrir avec moi les couches de terre du clos et des parcelles alentour aux facettes multiples.

– Terres bleues, terres roses, terres dorées…

Dans des trous profonds réalisés dans les parcelles nous prélevons des échantillons de terre et nous classons les différents éléments que nous y trouvons au fond afin d'étudier les couches géologiques de ce terroir.

Elle m'emmène, à la fin de la journée près du vieux donjon :

– Voilà, toutes les différentes terres du terroir se retrouvent sur les murs du donjon : terres bleues, terres roses, terres dorées.

Elle m'explique les caractéristiques de chacune. En fait la géologie est inscrite ici devant nous sur le donjon sans que nous l'ayons jamais imaginé !

En voyant ces terroirs reproduits comme une marque des lieux sur les murs du donjon, je pense à mon ancêtre lorsqu'il a quitté Bully à seize ans. Je revois la petite fille que j'étais apportant le vin dans la salle à manger de mon enfance.

La Calisse, les moines de Saint-Honorat et Saint Louis m'ont guidée et accompagnée vers la Bourgogne pour une nouvelle aventure.

Mon frère aîné a hâte de découvrir les nouvelles cuvées ! Ma tante m'encourage, elle rêve depuis longtemps de voir renaître un vignoble à Bully.

Encore une fois je me demande en mon for intérieur : « Serai-je à la hauteur ? »

Ce sera peut-être le sujet d'un autre livre, car je dois me remettre au travail et préparer les vins et les assemblages.

Comme un miracle, le millésime 2020 de la Calisse arrive. C'est un « très grand millésime », et une de mes grandes surprises de cette année si dure pour tous.

J'avais eu l'impression ces derniers mois de revivre un épisode qui aurait commencé lors de l'attaque de mildiou de 2018, poursuivi avec la Covid 19 : ce sont ces mêmes peurs et cette angoisse qui m'ont donné l'impérieuse envie d'écrire ce livre.

Curieusement, je me réjouis de cette belle récolte alors que tout le monde autour de moi semble découragé, comme anéanti par les confinements successifs.

Dans mon univers, je découvre des arômes magnifiques, d'une grande finesse, des vins gras et ronds… C'est un de mes plus beaux millésimes, il vient de se terminer en beauté, tant aux Salins qu'à la Calisse, je n'ai pas vu le temps passer, j'étais happée par les vinifications, j'étais une fois de plus bien loin du reste du monde.

C'est comme un signe annonciateur que nous envoie la nature.

Après les jours de tristesse viendront ceux de l'espérance…

Épilogue

Voilà, la nature m'appelle.

Je dois poser mon stylo, mais j'ai encore tant à raconter.

Je m'adresse à vous qui me lisez. J'espère que ces quelques chapitres vous convaincront de ne jamais oublier chaque fois que vous le pourrez de « voir, sentir, goûter et interpréter ». Cela vaudra tous les livres et tous les conseils de bien-être.

Aussi, si par hasard vous rencontrez un vigneron et qu'il vous fait découvrir ses vins, ne lui dites jamais que vous ne les aimez pas, et surtout pas que vous préférez ceux d'une appellation plus prestigieuse ou d'un grand château. Il ne s'en remettrait peut-être pas, car il a créé ce vin en y mettant toute son âme et tout son cœur, pour partager sa passion avec vous. Le soir, seul dans ses vignes, il y repenserait…

Passez plutôt votre chemin et ne dites rien.

Je pars vite rejoindre mes cuves du millésime qui chantent gaiement dans la cave.

C'était mon histoire d'amour avec ce vignoble perdu dans les collines de Provence.

À bientôt, peut-être.

Annexes

A.

Lexique des arômes du vin

Les arômes végétaux :

Végétal : herbe, buis, lierre, fougère, mousse, bourgeon de cassis, poivron
Végétal sec : foin, herbe brûlée, tabac, tisane
Végétal aromatique : sauge, thym, sarriette, menthe, anis, fenouil
Sous-bois : champignon frais, truffe, humus

Les arômes floraux :

Fleurs fraîches : rose, églantine, aubépine, chèvrefeuille, violette, pivoine, iris, narcisse, fleur d'oranger, acacia, œillet, sureau, genêt, lilas, jasmin, tilleul, lys
Fleurs séchées : rose fanée

Les arômes fruités :

Fruits rouges : raisin, groseille, fraise, framboise, cerise
Fruits noirs : myrtille, cassis, baies sauvages

Fruits exotiques : ananas, litchi, mangue
Fruits blancs et jaunes : pomme, prune, mirabelle, guigne, prunelle, pêche, abricot, poire, brugnon
Agrumes : citron, mandarine, orange, pamplemousse
Zestes d'agrumes et fruits confits : zeste d'orange
Fruits cuits : compote, confiture de fruits
Fruits secs : pruneau, amande, amande amère, noisette, noix, raisin sec, figue, abricot séché, banane séchée, datte

Les arômes épicés :

Poivre, poivre vert, paprika, réglisse, persil, cerfeuil, coriandre, cannelle, clou de girofle, muscade

Les arômes boisés :

Bois sec, écorce, chêne, cèdre, bois exotique

Les arômes balsamiques :

Baume, résine, résine de pin, sapin, thuya, encens, térébenthine, camphre, eucalyptus

Les arômes empyreumatiques :

Brûlé, fumé, grillé, suie, goudron, café, café grillé, cacao, pain grillé, tabac, chocolat

Lexique des arômes du vin

Les arômes animaux :

cuir, fourrure, gibier, venaison, viande fumée, musc

Les arômes de confiserie :

Miel, caramel, vanille, chocolat, praline, pâte d'amande, bonbon anglais

Les arômes fermentaires :

Beurre, bière, brioche, levain, levure, pain, cidre, fromage, froment

Les arômes minéraux :

Hydrocarbure, naphte, pétrole, pierre à fusil, silex, graphite, craie

Les arômes chimiques :

Acétone, alcool, détergent, goût de lumière, hydrogène sulfuré

*

Il m'est arrivé de trouver des arômes surprenants dans mes vins, car ceux-ci évoluent et se transforment dans le temps. Nous avons dégusté avec Paul, il y a quelque temps, le blanc Étoiles 2012, une année de belle maturité des raisins, voici le commentaire :

> *Amandes grillées, crêpes flambées en nez, gras et suave, bouche onctueuse de crème pâtissière, chou à la Chantilly, notes citronnées en finale.*

Un blanc Étoiles 2015 :

> *Couleur or aux reflets blancs. Nez de tilleul, bouche fraîche de fruits secs, de litchi en milieu de bouche avec une fraîcheur et des arômes de citron confit en finale.*

Un rouge Patricia Ortelli 2017 :

> *Vin aux arômes de confiture de fruits noirs : bouche suave de mûre.*

Ces palettes d'arômes sont le fruit de notre terroir, de ce que nous avons su faire naître de lui, et de l'élevage des vins à la cave.

B.

Maladies et défauts du vin

[Extrait de oenologie.fr, « le 1er portail de la vigne et du vin depuis 1999 »]

Acescence : présence d'acétate d'éthyle qui peut être produit par des bactéries ou certaines levures.

Anhydride sulfureux. Soufre utilisé en excès, peut engendrer des caractères odorants désagréables

Amertume : Maladie due à une décomposition bactérienne avec formation notamment d'acroléine provoquant le goût amer.

Boisé : Les récipients en bois peuvent apporter au vin différents caractères anormaux à éviter, spécifiquement celui de planche vermoulue.

Casse : La casse est un accident qui a, entre autres effets, celui de provoquer un trouble dans le vin.

Ciment : Goût qui peut apparaître dans les vins conservés dans les cuves de ciment mal affranchies.

Croupi : Ce mauvais goût peut intervenir sur des vins ayant séjourné dans un récipient malpropre sur de « mauvaises lies ».

Cuivre : Le goût du cuivre est dû à la présence de sels de cuivre dans le vin provenant du contact avec des éléments fabriqués avec ce matériau.

Cuve : Goût de récipients malpropres.

Évent : Le goût d'évent résulte de l'oxydation de l'alcool du vin en éthanal. Se rencontre dans des vins ayant séjourné dans des récipients non pleins (cuves ou bouteilles).

Géranium (odeur de géranium) : Due à l'attaque et la dégradation de l'acide sorbique par des bactéries.

Graisse : Le vin a une consistance grasse, il s'écoule comme de l'huile. Maladie d'origine bactérienne due à une mauvaise évolution de la fermentation malolactique (prolifération de bactéries lactiques qui s'agglomèrent en filaments).

Herbacé : Goût herbacé, goût d'herbe ou de rafle écrasée.

Levure (ou goût de levure) : Correspond à l'odeur de pain de mie fraîche. Se détecte dans les vins qui viennent de fermenter et sont sur lies et dans les vins effervescents après dégorgement lorsque la prise de mousse a été trop lente.

Lie (ou goût de lie) : Se dit d'un vin qui a été conservé trop longtemps sur des lies où interviennent alors des phénomènes de réduction (œuf pourri).

Lumière (ou goût de lumière) : Goût anormal qui se développe dans certains vins (en particulier les champagnes) laissés trop longtemps exposés à la lumière.

Madérisé : Forte oxydation qui amène une odeur et un goût qui rappellent un peu ceux du madère. Ce qualificatif est plus souvent péjoratif et s'applique à des vins qui ont jauni et se sont enrichis en aldéhyde éthylique.

Maladie de la fleur : Maladie due à des micro-organismes aérobies qui forment un voile blanchâtre à la surface du vin. La fleur modifie considérablement les caractères du vin.

Mercaptan : Composé soufré à l'origine du goût d'œuf pourri. Ce goût est caractéristique des vins conservés trop longtemps sur des lies où les phénomènes de réduction se conjuguent avec la combinaison du soufre présent.

Moisi : Ce mauvais goût intervient dans les vins qui ont été conservés dans des récipients mal entretenus mais également dans ceux dans lesquels la présence accidentelle de trichloroanisole a généré un caractère « moisi-liégeux » similaire à celui dit du « goût de bouchon ».

Oxydé : Se dit d'un vin qui a subi une évolution non recherchée liée à l'action de l'oxygène. L'oxydation poussée d'un vin conduit au caractère madérisé de celui-ci.

Piqûre acétique : Maladie due à une bactérie acétique (*Acetobacter*) qui transforme l'alcool en acide acétique et acétate d'éthyle ; donne le goût et l'odeur du vinaigre.

Piqûre lactique : Maladie due aux bactéries lactiques qui dans certaines conditions (arrêt de fermentation) peuvent transformer les sucres en acide acétique.

Pourri (goût de pourri ou goût phénique) : Odeur et goût de pourri se rencontrent sur des vins élaborés à partir de raisins atteints de pourriture grise.

Précipité : Formation de composé insoluble dans le vin. Voir *tartre.*

Réduit (ou goût de réduit) : État ou action inverse de l'oxydation. Se rencontre sur des vins ayant été conservés trop longtemps à l'abri de l'air. Ce phénomène peut amener à des défectuosités importantes du vin lorsqu'il s'applique à certains composants du vin comme le soufre par exemple. (Anhydre sulfureux).

Tartre (tartrate de potassium) : Dépôt assez lourd de cristaux ou paillettes. Cristallin jaunâtre dans les vins blancs et rosés, rosé gris dans les vins rouges. Ne présente aucun inconvénient organoleptique pour les vins.

Remerciements

J'aimerais remercier Étienne de Montety et Mohammed Aïssaoui, ils m'ont encouragée lors de l'atelier d'écriture du *Figaro* auquel j'ai participé en mars 2019. Merci à mes professeurs de l'École du Louvre, ils m'ont fait voyager à travers les siècles, j'ai découvert le génie de l'humanité. Merci à mes professeurs et amis œnologues, grâce à eux j'ai pu développer tous mes sens, je suis à l'écoute de la nature. Merci à ma chère tante Irène Bizot et à son amie Élisabeth de Fontenay, elles m'ont mise sur la voie de l'aventure de ce livre. Je remercie aussi toute mon équipe de La Calisse, ceux qui ont voulu me suivre et ont compris que la perfection s'impose pour faire de grands vins. Mes enfants ont dû, quant à eux, partager l'amour de leur mère avec leurs petites sœurs les vignes. Mon mari m'a apporté son enthousiasme dans toutes mes réalisations et a compris si bien « l'appel » de mes vignes. Merci à mon père Philippe François (disparu il y a peu) dont la gaieté et la joie de vivre transparaissent, j'espère, dans ce livre. Merci à tous mes fidèles clients du monde entier. Merci à tous ceux qui ont su déguster, apprécier et comprendre les vins de La Calisse. Merci à mes vignes, à mon terroir de Provence, à la beauté du monde !

Table des matières

Direction éditoriale : Nicolas de Cointet assisté de Mihaela Cojocariu
Correction : Pierre Rochelois
Couverture : Frédéric Hallier
Composition : Nord Compo
Impression : CPI Bussière en avril 2022
Editions Albin Michel
22, rue Huyghens, 75014 Paris
www.albin-michel.fr
ISBN : 978-2-226-47153-6
N° d'édition : 24859/01 – N° d'impression : 2064330
Dépôt légal : mai 2022
Imprimé en France